Al Andalus 2.0

La ciber-yihad contra España

Manuel R. Torres Soriano

Título original: *Al Andalus 2.0. La ciber-yihad contra España*

Copyright © 2014 *by* Manuel R. Torres Soriano

All Rights Reserved

Editor: *Biblioteca GESI*. Granada (España)

Diseño de la portada: Ignacio Díaz Laso

ISBN: 978-84-616-7991-1

Para Marta, el capítulo más importante del libro de mi vida

ÍNDICE

Prólogo 7

PARTE I: EL MEDIO Y EL MENSAJE 17

CAPÍTULO 1: ESPAÑA EN LA PROPAGANDA YIHADISTA 18

  ¿Por qué Al Andalus? 22

  Amenazas sobre España 36

  La larga sombra de aquel 11 de Marzo 42

  Las usurpadas Ceuta y Melilla 46

CAPÍTULO 2: YIHADISMO EN LA LENGUA DE CERVANTES 56

  La yihad con ñ 59

  Falsos blogs y páginas estáticas 66

  Por qué los foros de Internet 68

  Agitando el ciber-gallinero 77

  El Califato no está a un *tweet* de distancia 87

CAPÍTULO 3: QUÉ NOS DICE INTERNET SOBRE EL 11-M 96

  Cómo utilizaron Internet 98

  Los agoreros del 11-M: El Global Islamic Media 113

  Una incógnita llamada Brigadas Abu Hafs al Masri 121

  La "marca blanca" de Al Qaeda 127

  Unos improvisados propagandistas 141

PARTE II. QUIENES SON LOS CIBER-YIHADISTAS ESPAÑOLES .. 154

CAPÍTULO 4: CONVERSOS AL RADICALISMO **158**

Los muyahidín son mis nuevos superhéroes 162

Un falso checheno a los pies de La Alhambra 171

La yihad al son cubano 177

El predicador y el converso 182

CAPÍTULO 5: LOS INMIGRANTES ESTÁN PERDIDOS EN AL ANDALUS
.... **187**

Ciber-yihad Interruptus... 188

La célula de los Ansar en Burgos 198

Gimnasio, porros y guerra santa 215

Un lobo en busca de la manada.................................... 218

La metamorfosis 228

CAPÍTULO 6: LOS FONTANEROS DE LA YIHAD ONLINE **232**

La doble vida de un buen chico.................................... 233

Mi nombre es Genio 245

El bibliotecario de Al Qaeda 254

EPÍLOGO **259**

Agradecimientos **264**

Prólogo

Una de las diferencias más notables entre un gato y

una mentira, es que el gato sólo tiene nueve vidas.

Mark Twain (1835-1910)

John Brennan recibió una de esas llamadas en las que resulta casi imposible mantener la compostura aunque tu cargo sea el de *zar* anti-terrorista del país más poderoso del planeta. Al otro lado de la línea estaba uno de sus interlocutores habituales, el segundo del Ministerio de Interior de Arabia Saudí, el príncipe Mohammed bin Nayef. En esta ocasión, el motivo de la llamada era muy específico y urgente, por lo que prescindió de formalismos y giros protocolarios: Estados Unidos debía saber que el grupo terrorista Al Qaeda en la Península Arábica había conseguido embarcar dos bombas en aviones que aterrizarían al día siguiente en su territorio. Las bombas viajaban dentro de la bodega de carga de los aparatos, ocultas dentro de paquetes que habían sido remitidos desde Saná (Yemen) a través de las compañías de transporte FedEx y UPS. Una mujer empleando un nombre falso había entregado los bultos para que fuesen enviados a Chicago. En el interior de cada caja había una impresora rellena de suficiente explosivo como para hacer estallar los aviones en pleno vuelo.

La información era muy fiable. Su origen era un antiguo miembro saudí de Al Qaeda, que tras ser apresado por los Estados Unidos y encarcelado durante años en la base militar de Guantánamo, había sido devuelto a su país de origen para que se acogiese a un programa de "desradicalización". Allí había sido captado por la inteligencia saudí, con la intención de que volviese a unirse como agente doble a la filial yemení de Al Qaeda. Tras simular haber escapado del control gubernamental, se reintegró en las filas del grupo yihadista, en el cual permaneció infiltrado durante dos años. En septiembre de 2010 escenificó una nueva entregar a las autoridades de Arabia Saudí, facilitándoles información vital sobre el nuevo complot terrorista que su grupo había diseñado para atacar objetivos estadounidenses unas pocas semanas después.

A diferencia de otras alertas terroristas con las que las autoridades a menudo debían lidiar, este aviso no era una ambigüedad, sin concreción sobre objetivos, fechas y procedimientos. El príncipe saudí les había facilitado hasta los códigos de identificación de los paquetes que las empresas proporcionan a sus clientes, para que estos puedan rastrear a través de una página web donde se encuentran en cada momento sus envíos. Como responder era fácil, la incógnita era si conseguirían hacerlo a tiempo.

El avión de carga de UPS que transportaba primer paquete, tras pasar por Alemania, estaba a punto de hacer escala en el aeropuerto de la localidad británica de Leicestershire. Era un 29 de octubre de 2010, y en la terminal de carga le estaban esperando los agentes de Scotland Yard, junto a diferentes unidades de desactivación de explosivos. Ni los perros adiestrados, ni los equipos de rayos X detectaron ningún rastro de una bomba o explosivos en la caja señalada por las autoridades americanas. Se llevaron el paquete para seguir inspeccionándolo, y dejaron que el vuelo siguiese hacia su próxima escala en Filadelfia. Los siguientes análisis también fueron negativos. Los británicos estaban convencidos de que allí no había nada, aunque siguieron investigando ante la insistencia americana. Tras más de cuatro horas escrutando con medios no invasivos, decidieron mirar las entrañas de la impresora de marca HP, y retiraron el contenedor de tinta. No vieron nada. Sin embargo, con ese gesto no intencionado habían desactivado sin saberlo el dispositivo electrónico diseñado para hacer explotar los 400 gramos de tetranitrato de pentaeritritol (PETN) con el que había sido rellenado el cartucho de tinta. Se trataba de unos de los explosivos más potentes jamás conocidos. Muy inestable, pero con la ventaja fundamental de ser muy difícil de detectar por los medios tradicionales. La bomba estaba programada para estallar dos horas y media más tarde de esta manipulación. Sin ser conscientes de que habían evitado una tragedia, retiraron el cordón de seguridad en el aeropuerto. Pensaron que nunca había existido peligro.

El segundo paquete fue interceptado en el aeropuerto de Dubái tras haber viajado en dos aviones con cientos de pasajeros, y haber hecho escala en Qatar. Se encontraba embarcado en un avión de FedEx preparado para iniciar el vuelo hacia los Estados Unidos.

Uno de los atentados más creativos desarrollados hasta el momento quedaba así desbaratado. Sin embargo, esto no fue un inconveniente para que sus autores reivindicasen su autoría y el supuesto daño que habían ocasionado a su enemigo, a pesar de no haber podido consumar su plan. La organización bautizó a su acción fallida como "Operación Hemorragia": un éxito táctico que había costado unos pocos de miles de dólares, pero que había sido capaz de desconcertar al enemigo y dañar la economía capitalista, al poner en evidencia la fragilidad del transporte aéreo, en el cual se basa el comercio y las comunicaciones internacionales. Según los yihadistas, los costes en seguridad aeroportuaria se verían incrementando exponencialmente tras esta audaz acción.

Buena parte de esas justificaciones se desarrollaron en un número monográfico de la revista online *Inspire*. En esta publicación propagandística en inglés apareció un artículo firmado bajo pseudónimo por el clérigo yemení de nacionalidad estadounidense Anwar Awlaki. A pesar de que el periodo post -11S había sido incluso invitado a la Casa Blanca y agasajado por las autoridades como una de las voces del islam "moderado" en América, desde que se había establecido en Yemen se había convertido en una obsesión para la inteligencia estadounidenses, por su efectivo proselitismo radical en Internet, y por su implicación personal en los planes terroristas que tenían como objetivo su país de adopción.

Sin embargo, este intento de atentado escondía una clave que pasó desapercibida. Aunque el objetivo explícito del atentado era Estados Unidos, e indirectamente uno de los instrumentos básicos de la modernidad, sus autores quisieron convertir su atentado en una venganza por supuestas afrentas que no sólo habían tenido lugar siglos antes, sino que además tuvieron lugar en España.

Los paquetes bomba habían sido enviados a Chicago (la ciudad del presidente Obama), a la dirección de dos sinagogas judías, cuya única particularidad es que sus datos estaban disponibles en un directorio de Internet. Sin embargo, a la hora de proporcionar el nombre del destinatario, los autores habían querido mandar un mensaje simbólico que unía en un mismo plano el pasado más remoto con el presente. Según las propias palabras de Awlaki:

> "La actual batalla luchada por Occidente no es una batalla aislada sino una continuación de una larga historia de agresión de Occidente contra el mundo musulmán. En orden a revivir y traer de vuelta esta historia, utilizamos los nombres de Reynald Krak y Diego Díaz como los destinatarios de los paquetes. Obtuvimos los nombres de Reynald de Chatillon, el señor de Krak des Chevaliers, el cual fue uno de los más peores y más traicioneros líderes cruzados. El cual fue hecho cautivo y decapitado personalmente por Saladino. **El nombre que utilizamos para el segundo paquete lo obtuvimos de Don Diego Deza, el Inquisidor General de la Inquisición española después de la caída de Granada, el cual junto a la monarquía española supervisó la exterminio y expulsión de la presencia musulmana en la península Ibérica**

empleando los métodos más horripilantes de tortura en el nombre de Dios y la Iglesia."[1]

Estados Unidos terminaría casi un año después con Awlaki lanzando desde un avión no tripulado un misil contra el vehículo con el que viajaba por las carreteras de Yemen junto a otros miembros de Al Qaeda. Sin embargo, este propagandista radical, al que algunos bautizaron como el "Bin Laden de Internet"[2], no era ni el origen, ni el final, de la obsesión yihadista por vengar y recobrar Al Andalus.

Ese es el objetivo de este libro, explicar cómo se ha producido y en que consiste esa conjunción explosiva entre nuevas tecnologías de la información y aquellas actividades terroristas en Internet que tienen en su punto de mira a España.

La llegada de Internet, al igual que había sucedido con otras innovaciones previas como la radio, el cine o la televisión, inauguró una etapa de optimismo sobre la capacidad de este nuevo instrumento para mejorar nuestras sociedades a través del conocimiento. A mediados de la década de los noventa, cuando esta tecnología sólo se encontraba al alcance de una reducida comunidad, mayoritariamente en el ámbito académico y

---

[1] Jefe de Operaciones Extranjeras (AQAP). "Los objetivos de la operación hemorragia" (en inglés), *Inspire*, nº 3, 20/10/2010.
[2] THE TELEGRAPH. "Online preachers of hate: Anwar al-Awlaki, 'bin Laden of the internet'", *The Telegraph,* June 7, 2011. http://www.telegraph.co.uk/news/uknews/terrorism-in-the-uk/8560438/Online-preachers-of-hate-Anwar-al-Awlaki-bin-Laden-of-the-internet.html

gubernamental, el Vicepresidente norteamericano Al Gore[3], no dudaba en atribuirle la capacidad de fortalecer las democracias, propiciar un crecimiento económico sostenible, resolver los problemas medioambientales, e incluso generar un sentimiento de pertenencia a una única "comunidad humana". Esta visión "ciber-utópica"[4] fue cobrando fuerza a medida que se generalizaba y abarataba el acceso a esta herramienta.

Aunque Internet se ha convertido en uno de los factores más relevantes en la aceleración del proceso de globalización económica y social que ha experimentado el planeta en las dos últimas décadas, su despliegue se ha visto vio acompañado por la acción de una serie de actores que no dudaron en hacer un uso ilícito de esta nueva herramienta. La arquitectura de Internet fue diseñada por personas que no concebían que pudiera llegar a ser utilizada por personas dispuestas a causar daño al resto de internautas. Esto les llevó a crear un instrumento donde la confianza mutua y las buenas intenciones se daban por descontadas. Era un terreno fértil para grupos de delincuencia organizada, estafadores, sectas destructivas, depredadores sexuales, partidarios del odio racial, etc. Todos ellos integraron el ciberespacio en su abanico de actividades, las cuales se vieron potenciadas hasta límites desconocidos.

---

[3] GORE, A. (1995): "Forging a New Athenian Age of Democracy", *Intermedia,* Vol. 22, N° 2, pp. 4–6.

[4] TORRES SORIANO, MANUEL R. (2013): "Internet como motor del cambio político: ciberoptimistas y ciberpesimistas", *Revista del Instituto Español de Estudios Estratégicos*, N°1, pp. 127- 148.

Los grupos terroristas no tardaron en realizar su particular contribución a los rincones más oscuros de Internet. Para algunos resultaba indignante que estos grupos abrazasen con tanto entusiasmo una tecnología que era fruto del mismo orden social y cultural que rechazaban frontalmente. Los creyentes en las bondades intrínsecas del ciberespacio no tuvieron más remedio que admitir que los enemigos de la libertad, utilizaban los propios instrumentos de la modernidad para combatirla.

El terrorismo de inspiración yihadista ha sido un entusiasta de una tecnología que le ha permitido dotar de una nueva efectividad a sus actividades tradicionales como la difusión de propaganda, la financiación, la obtención de información operativa, las comunicaciones internas, el reclutamiento o la formación, pero que también le ha abierto nuevas posibilidades para interactuar y mantener viva una amplia red de partidarios dispersos por todo el planeta.

Internet ha sido un instrumento privilegiado para que los radicales diesen rienda suelta a un conjunto de doctrinas e ideas que hacen del mundo un lugar más peligroso. Entre ellas ocupa un lugar destacado el mito de "la perdida Al Andalus" en su variante más violenta. El resultado es que España debe hacer frente a una amenaza estructural como consecuencia de la nueva vida que ha cobrado en el ciberespacio las reivindicaciones agresivas sobre el carácter islámico del territorio nacional.

Algunos países occidentales pueden explicar su nivel de exposición al terrorismo yihadista por factores circunstanciales como la visibilidad de su política exterior y su grado de injerencia en el mundo musulmán. España alcanzó su pico de protagonismo en el imaginario radical entre 2003 y

2004 como consecuencia de la defensa abierta que realizó el gobierno de José María Aznar de la intervención militar estadounidense en Irak. El presidente español quiso convertirse en uno de los principales puntales europeos de la "Guerra contra el Terror" liderada por el presidente George W. Bush. Este inusitado protagonismo internacional de la política exterior española, junto al distanciamiento de la opinión pública del país, fue claramente percibido como una debilidad a explotar por parte de los ideólogos de la yihad. En una de las principales publicaciones propagandísticas de Al Qaeda, no tardó en aparecer un artículo[5] donde se recomendaba a los muyahidín qué occidentales debían ser atacados para alcanzar la máxima repercusión mediática y lograr eliminar la influencia y presencia occidental en tierra islámica. En la lista de objetivos, se citaba expresamente a los españoles, los cuales aparecían en tercer lugar de preferencia a nivel internacional, tras estadounidenses y británicos.

A todos esos factores circunstanciales, España debe sumar una causa perenne, que ante los ojos de los radicales legitima cualquier violencia contra sus habitantes. La añoranza por la pérdida del dominio islámico sobre la Península Ibérica, supone una reclamación irrenunciable para los partidarios de la yihad global. Cuando estos grupos fijan sus objetivos finales, entre los que figura la instauración de un único Califato que

---

[5] Abud Aziz al-Moqrin. "Objetivos dentro de las ciudades" (en árabe), *Campo de Entrenamiento Al Battar n° 7*. Difundida en Internet el 29 de abril de 2004. Un dato poco conocido sobre el autor de este artículo, es que tenía un conocimiento directo de la sociedad española. En la década de los ochenta había residido en España, utilizando el país como base de operaciones para gestionar el envío de armas europeas a los miembros del GIA (Grupo Islámico Armado) en Argelia a través de Marruecos. Véase: www.shafiq.maktoobblog.com/37/abuhager/ [Accedido el 10 de febrero de 2013]

englobe a toda la comunidad musulmana, España es siempre el punto de cierre occidental de esta forma de gobierno político-religiosa. Aunque es un objetivo ambicioso, que exige previamente haber alcanzado otras metas de gran calado, no deja de contemplarse como una aspiración realizable.

Las referencias a Al Andalus poseen un enorme poder evocador en el mundo musulmán. En las escuelas, en las mezquitas y en la tradición oral se habla del pasado islámico de España como un símbolo del esplendor perdido, pero también del inicio de las calamidades que han azotado a esta civilización. El extremismo terrorista ha hecho un uso interesado de este episodio para espolear los ánimos de venganza y agravio entre su base social.

Internet, ha sido clave para potenciar y reconfigurar de forma agresiva este mito. Al Andalus, en su versión 2.0, es la nueva expresión de un agravio centenario que se propaga a través del ciberespacio. En las siguientes páginas abordaré la combinación entre frustraciones históricas, terrorismo yihadista e Internet. Para ello me centraré el papel de España en el discurso yihadista, en quiénes son aquellos que han librado su particular ciber-yihad contra España y cómo lo han hecho.

PARTE I

EL MEDIO Y EL MENSAJE

CAPÍTULO 1: ESPAÑA EN LA PROPAGANDA YIHADISTA

> Es extraña la ligereza con la que los malvados creen que todo les saldrá bien.
>
> Edmund Burke (1729-1797)

El discurso de enfrentamiento contra Occidente mantenido por Al Qaeda y sus afines, se ha construido sobre la idea de que sus ataques son una mera respuesta a la agresión que sufren los musulmanes. A pesar de que la propaganda radical está plagada de citas sobre la supremacía del Islam frente a otras civilizaciones, y de duras acusaciones sobre la degradación moral que reina en las filas de sus enemigos[6]; sus portavoces han preferido dar prioridad al argumento de la legítima defensa para justificar la violencia que practican. Es por tanto esperable que a medida que un país está más implicado en los "asuntos islámicos", más atención reciba por parte del

---

[6] Según Suleiman Abu Gheith, el kuwaití que tras los atentados del 11-S ejerció de "portavoz" de Al Qaeda: "América, con la colaboración de los judíos, es el líder de la corrupción y la desintegración de los valores (...) Difunde la abominación y el libertinaje entre la gente a través de los medios de comunicación baratos y su malvado curriculum (...) América es la razón de toda la opresión, injusticia, el libertinaje y la supresión de los musulmanes (...)". Suleiman Abu Gheith: "A la sombra de las lanzas" (en árabe), 12 de junio de 2002. Traducción al inglés disponible en: http://thesis.haverford.edu/dspace/bitstream/handle/10066/5058/GHA20020612P.pdf?sequence=4. [Accedido el 18/02/2013]

discurso yihadista. Sólo hay un país que escapa a este razonamiento: España.

La relevancia de este país en el imaginario radical no está relacionada con el discreto papel que en las últimas décadas ha desempañado en el devenir del mundo arabo-musulmán. Aunque la presencia de tropas españolas en Irak y Afganistán fue el principal argumento utilizado por los terroristas para justificar los atentados contra los trenes de Madrid el 11 de marzo de 2004, lo cierto es que su presencia tiene una dimensión propia que no está presente en ninguna otra nación.

España, para los ideólogos de la yihad, continúa siendo "la perdida Al Andalus", una tierra paradisíaca arrebatada por la fuerza al Islam, cuya recuperación es irrenunciable. Se trata de una meta lejana en el tiempo, y que requiere previamente haber alcanzado objetivos intermedios, como la total expulsión de cualquier tipo de influencia occidental en el mundo musulmán, o la sustitución de los actuales regímenes gobernantes por un único califato islámico que asegure la implantación efectiva de la *sharia* (ley islámica). Sin embargo, la magnitud de ese esfuerzo previo no diluye la necesidad de reparar la "herida sangrante" de Al Andalus.

La inclusión de las referencias a España no se ha producido de manera espontánea. Los grupos militantes beben de una larga tradición doctrinal que sitúa ese episodio histórico como el origen de los males que afligen al mundo islámico, pero también como un referente sobre el cual se pueden extraer importantes lecciones para encaminar el futuro de la comunidad musulmana y evitar los errores del pasado[7].

Los terroristas han incorporado y reinterpretado desde una perspectiva agresiva las reflexiones que desde hace tiempo ya estaban presentes en los principales   referentes intelectuales del islamismo. En un innovador estudio[8] estadounidense sobre las principales referencias ideológicas del movimiento yihadista, se situaba al jordano Abu Muhamad Al Maqdisi como el autor más citado en los textos que inspiran esta violencia. En la amplia obra escrita[9] de Maqdisi encontramos los mismos planteamientos que luego aparecerán en los mensajes de Al Qaeda y sus afines. Para este predicador salafista, la caída de Al Andalus fue el ejemplo de cómo los cristianos hicieron realidad su empeño de exterminar el Islam y sus gentes, empleando instrumentos como la Inquisición para forzar las conversiones de los musulmanes bajo amenaza de muerte[10].

---

[7] Abdullah Azzam. "Unirse a la caravana" (en árabe), 15 de abril de 1987. Traducción al inglés disponible en: http://www.hoor-al-ayn.com/Books/Join%20the%20Caravan.pdf [Accedido el 18/02/2013]

[8] McCANTS, WILLIAM (Ed) (2006). *Militant Ideology Atlas*, West Point: Combating Terrorism Center (CTC). Disponible en: http://www.ctc.usma.edu/wp-content/uploads/2012/04/Atlas-ResearchCompendium1.pdf [Accedido el 18/02/2013]

[9] WAGEMAKERS, JOAS (2012). *A Quietist Jihadi: The Ideology and Influence of Abu Muhammad al-Maqdisi*, Cambridge: Cambridge University Press.

[10] Abu Muhammad Al-Maqdisi (2009). "To the Slave of the Cross Pope of the Vatican, Benedict XVI: Your House Is Made of Glass So Don't Throw Stones at the People", *At-Tibyan Publications*. Disponible en: http://azelin.files.wordpress.com/2010/08/abu-muhammad-asim-maqdisi-to-the-slave-of-the-cross.pdf [Accedido el 18/02/2013]

Esta visión victimista admite diferentes variaciones. Para el carismático predicador palestino y principal activista de la yihad afgana Abdullah Azzam: la pérdida de Al Andalus, sólo había sido posible por la división imperante entre los musulmanes[11]. Desde el punto de vista del egipcio Sayid Qtub, otro de los ideólogos fetiche del islamismo radical, la reconquista española y el "desastre de Al Andalus" fue otro episodio más del "espíritu de las cruzadas", un acontecimiento acogido por felicidad por parte de los europeos, a pesar de que la expulsión de los musulmanes dejaría sumido al continente en "la oscuridad y el barbarismo"[12].

A pesar de que no todos los autores contemporáneos que han escrito sobre la yihad lo han hecho desde una perspectiva violenta, resulta muy significativo que incluso aquellos que la entienden desde un enfoque defensivo y alejada de objetivos revolucionarios, siguen compartiendo la idea de que la actual España es una parte del territorio del Islam que debe ser recobrado por los musulmanes. La negligencia de los musulmanes del pasado a la hora de lograr este objetivo no invalida un ápice la obligación que poseen los creyentes de retornar esta parte indispensable de la tierra islámica[13].

---

[11] Abdullah Azzam (1979). "Defense of the Muslim Lands. The First Obligation after Iman". Disponible en: http://www.kalamullah.com/Books/defence.pdf [Accedido el 18/02/2013]

[12] QUTB, SAYYID (2000). *Social Justice in Islam*, trans. Hamid Algar, Oneonta, NY: Islamic Publications International, p. 271.

[13] COOK, DAVID (2005). *Understanding Jihad*, Berkeley: University of California Press, p. 123.

Ese carácter mítico, junto con las apetencias territoriales sobre las ciudades españolas del norte de África, Ceuta y Melilla, constituyen características únicas que no están presentes en ningún otro país, y que explica la desproporcionada presencia de España en la propaganda yihadista[14].

¿Por qué Al Andalus?

Esta es la pregunta retórica que se hacían los miembros de Al Qaeda en el Magreb Islámico para explicar por qué habían elegido ese nombre para bautizar a su nuevo órgano de propaganda. Posiblemente no encontremos en la literatura yihadista una explicación mejor sobre la importancia que tiene España dentro de su universo simbólico:

> "Porque es el paraíso musulmán perdido...un reino de ocho siglos, cuando los musulmanes establecieron la religión y portaron la bandera de la yihad, permitiendo la llegada de Dios a la tierra...en el año 1492 se produjo la caída, cuando los cruzados españoles la ocuparon debido al fracaso de los musulmanes con respecto a la yihad (...) La yihad es una obligación para la nación islámica desde hace seis siglos... desde que se produjo la caída de la primera ciudad de Al Andalus (...) no lo es desde la ocupación de Palestina por

---

[14] TORRES SORIANO, MANUEL R. (2009). "Spain as an object of Jihadist Propaganda", *Studies in Conflict and Terrorism*, Vol. 32 N° 11, pp. 933-952.

los judíos, o la ocupación de Irak, Afganistán y Somalia por los cruzados (…) ¡sino desde la caída de Al Andalus!"[15]

La referencia de los yihadistas magrebíes a la obligación de emprender la lucha desde el mismo momento en el que se produce la pérdida del dominio islámico de la Península Ibérica, entronca con una serie de clichés y mitos fundacionales profundamente arraigados en el mundo musulmán. La toma del Reino de Granada por parte de los Reyes Católicos en 1492, constituye uno de los periodos históricos con mayor poder evocador en su imaginario colectivo. Este episodio forma parte de bagaje intelectual de la población islámica mundial, independientemente de su grado de práctica religiosa, filiación política o actitudes hacia la violencia. Dicha rememoración tiene el carácter de añoranza y lamento por la pérdida de un territorio que simbolizó el mayor grado de esplendor alcanzado por los seguidores de Mahoma.

El peso de la historia en el universo musulmán[16], explica por qué la mención a Al Andalus está repleta de significados implícitos. Supone, por ejemplo, hablar de un pasado de brillantez artística, arquitectónica, literaria y científica, pero también de un modelo ideal de sociedad. Para el primer líder del GSPC[17], Hassan Hattab, Al Andalus "fue en su día el país

---

[15] Al Qaeda en el Magreb Islámico. "La creación del Instituto de Producciones Mediáticas Al Andalus" (en árabe) , 9/10/09.
[16] LEWIS, BERNARD (2004). *El lenguaje político del Islam*, Madrid: Taurus.
[17] Siglas del Grupo Salafista para la Predicación y el Combate, una organización terrorista argelina creada en 1998 a partir de una escisión del GIA (Grupo Islámico Armado).

más feliz"[18]. Para otros militantes, como el alemán de origen marroquí Bekkay Harrach (alias Abu Talha) la aplicación generalizada de la *sharia* durante este periodo explicaba por qué "Al Andalus ha entrado en la historia de cómo un ejemplo de tolerancia sin precedentes"[19]. Para el norteamericano de raíces sirias Omar Shafik Hammami (Abu Mansour) fue en Al Andalus donde "se concedieron amplios derechos a los no musulmanes y a otras religiones"[20]. Sin embargo, el anhelo que muestran los yihadistas por esta época pasada no se explica por su tolerancia y su gobierno justo. Este tipo de interpretaciones sobre el pasado islámico de la Península, no sólo son minoritarias en el discurso yihadista, sino que además han sido formuladas por militantes educados en países occidentales. Lejos de ser una mera casualidad, son un buen ejemplo de cómo estos sujetos interiorizaron en Occidente algunos de los tópicos que describe Al Andalus como una tierra de convivencia pacífica y multiculturalismo[21]. Sin embargo, esta no ha sido la imagen común en los autores yihadistas, los cuales han ignorado esa faceta para centrarse en la tragedia que supone la pérdida de tierra musulmana. Paradójicamente, estos dos militantes sufrirían la intolerancia de sus propios compañeros. Así por ejemplo Abu Talha "el alemán" sería expulsado de Al Qaeda tras grabar y difundir un video amenazante contra su país de origen sin el

---

[18] Hassan Hattab (GSPC). "Palabras sobre los sucesos de la primavera" (en árabe), 2/5/2001.

[19] Hafiz Abu Talha (Al Qaeda). "El Islam y la crisis financiera", grabación en audio, 26/02/2009.

[20] Abu Mansour "el americano" (Shabab Al-Mujahideen). "The Beginning of the End...(a response to Barack Obama)", grabación en audio, 9/07/2009.

[21] FANJUL, SERAFÍN (2004). *La quimera de Al-Andalus*, Madrid: Siglo XXI de España.

conocimiento de la organización[22], mientras que Abu Mansour "el americano" terminaría desertando del grupo somalí Al Shabab y protagonizando un truculento cruce de acusaciones en Internet[23] con sus antiguos camaradas, a los cuales acusaba de querer asesinarle por sus diferencias sobre la interpretación de la *sharia*.

Para los radicales, Al Andalus es un elemento de movilización violenta. La guerra contra España está justificada, no sólo por su presencia militar en tierras islámicas, o por su claro apoyo al enemigo estadounidense; sino porque es una lucha legítima por liberar la tierra islámica de sus ocupantes cristianos. El enfrentamiento contra los "cruzados españoles" más allá de sus políticas hacia el mundo musulmán, tiene un carácter estructural, puesto que esta nación se construyó sobre el expolio y la ocupación de un territorio que pertenece por derecho propio al Islam y sus gentes.

Una sutil prueba de este juego de significados implícitos puede detectarse en un video de Al Qaeda titulado "Un verdadero imán". El objetivo de esta cinta difundida en septiembre de 2008, era rendir culto a la memoria de

[22] FLADE, FLORIAN (2011). "The Day Al-Qaida Fired Bekkay Harrach", *Jih@d. News Of Terrorism, Jihadism & International Politics*, 11 de septiembre. Disponible en: http://ojihad.wordpress.com/2011/09/11/the-day-al-qaida-fired-bekkay-harrach/ [Accedido el 18/02/2013]

23 FLADE, FLORIAN (2012). "American Jihadi Omar Hammami Fears For His Life", *Jih@d. News Of Terrorism, Jihadism & International Politics*, 16 de marzo. Disponible en: http://ojihad.wordpress.com/2012/03/16/american-jihadi-omar-hammami-fears-for-his-life/ [Accedido el 18/02/2013]

clérigo pakistaní Rasheed Ghazi, muerto en un enfrentamiento con las tropas pakistaníes durante el asalto a la llamada "Mezquita Roja" de Islamabad. Era una producción propagandística que apuntaba principalmente a la opinión pública musulmana, y especialmente a la pakistaní. El final de este video incluye una *nasheed* (canción de combate sin instrumentos musicales) y metraje procedente de diferentes atentados a lo largo del mundo. El objeto de esta sucesión de imágenes es que el espectador interiorice la unidad existente entre los diferentes escenarios donde se libra la yihad. Se trataba de un mensaje típicamente "alquaediano", centrado en la idea de la existencia de una única lucha que afecta a todos los musulmanes y que debe librarse contra "cruzados, judíos y apóstatas". Algunos de esos escenarios como Afganistán, Irak, Chechenia, Argelia, Somalia, o Cachemira, no suponen ninguna novedad dentro de este discurso. Sin embargo, en esta relación visual, el grupo terrorista también incluyó metraje procedente, no sólo de los atentados del 11 de septiembre y el 7 de julio en Nueva York, Washington y Londres, sino también imágenes procedentes de los atentados del 11 de marzo en Madrid. Se trata de la grabación procedente de las cámaras de seguridad de la estación de tren de Atocha, el único material visual existente donde puede contemplarse la escena de las explosiones. Sin embargo, el verdadero interés reside en el título informativo en inglés que acompaña a estas imágenes. Si en todos los países aludidos se utilizó los nombres de uso común: América y Gran Bretaña, Argelia, Irak, etc., no sucedió así en el caso de España, donde se etiquetó como Al Andalus.

Dicha excepción es importante debido al destacado papel que el grupo otorga al significado latente de las palabras. El rechazo de yihadismo global a aceptar las actuales fronteras nacionales, las cuales identifican como una imposición occidental destinada a dividir a la comunidad musulmana, le ha llevado a ignorar de manera deliberada los nombres de estas naciones "ficticias". Así por ejemplo, Al Qaeda en Irak, se autodenominó Al Qaeda en la Tierra de los Dos Ríos, en Argelia se hizo llamar Al Qaeda en las Tierras del Magreb Islámico, en Arabia Saudí y Yemen: Al Qaeda en la Península Arábica, etc. No obstante, la importancia de los sentimientos nacionalistas en algunas de estas regiones, junto al posible desconocimiento por parte de la opinión pública de las denominaciones yihadistas, ha llevado en ocasiones a estos grupos, a recurrir a sus verdaderos nombres para facilitar la claridad del mensaje. Sin embargo, la única excepción contenida en el video es precisamente España, a la que se denomina Al Andalus, porque a diferencia de Reino Unido y América (países infieles donde los *muyahidín* han "exportado" la yihad), en el caso de España, el terrorismo en su territorio comparte la misma lógica que se aplica en este video a escenarios como Palestina, Cachemira, Irak o Afganistán: la lucha por conseguir la retirada del invasor.

La primera mención a España por parte de Bin Laden se produjo precisamente en estos términos: "Que el mundo entero sepa que no permitiremos que la tragedia de Al Andalus vuelva a repetirse en Palestina"[24]. Se trataba del primer mensaje de Osama al mundo tras los atentados del 11 de septiembre, y el líder terrorista no dudó en recurrir a dos de los elementos simbólicos más poderosos del imaginario islámico

---

[24] Osama Bin Laden (Al Qaeda). Mensaje en video difundido por *Al Jazeera* el 7 de octubre de 2001.

actual: Al Andalus y Palestina, vinculando realidades separadas por cinco siglos de historia, como se si tratase de un mismo hecho trágico frente al que proclamaba lucharía hasta la entregar la vida.

El recurso retórico de la "perdida Al Andalus (...) una herida que sangra en nuestros corazones"[25] ha sido imitado por otros grupos para avanzar en su propia agenda doméstica. Así, por ejemplo, en un comunicado del Ejército Islámico de Irak, advertía a los iraquíes de la ocupación encubierta del país a manos de los iraníes, y hacía un llamamiento a la comunidad musulmana para que no abandonases Bagdad como en el pasado "hicieron con Jerusalén y Al Andalus"[26].

La pérdida de la tierra islámica es producto de la acción hostil de los enemigos del Islam, pero sólo pudo consumarse como consecuencia de la desviación religiosa y el alejamiento de los creyentes de la voluntad de Dios. Para Osama Bin Laden, resultaba hiriente, por ejemplo, que:

> "la economía de todos los países árabes juntos es más débil que la economía de un solo país (...) este país es la perdida Al Andalus. España en un país infiel, pero su economía es más fuerte que nuestra economía porque hay responsabilidad en sus gobernantes"[27].

---

[25] Ayman Al Zawahiri (Al Qaeda). "Mensaje al pueblo turco musulmán" (en árabe), 15/08/2010.

[26] Ejército Islámico de Irak (IAI). Comunicado difundido en Internet el 29/12/2006.

[27] Osama Bin Laden (Al Qaeda). Audio emitido por *Al Jazeera* el 4 de enero de 2004.

Para los terroristas actuales, el retroceso del dominio islámico sobre el territorio marca el inicio de una obligación colectiva, no sólo para revertir esa "invasión", sino también para purificar a los creyentes abrazando uno de los pilares más sagrados de sus creencias: emprender una lucha siguiendo la voluntad de Dios.

La filial magrebí de Al Qaeda quiso vincular todo ese simbolismo a su acción comunicativa, y para ello, bautizó su renovado aparato propagandístico como Instituto Al Andalus para las Producciones Mediáticas, recalcando que la cercanía a la península Ibérica hacia este llamamiento aún más intenso para los musulmanes del norte de África:

> "El Instituto Al Andalus llega en este particular momento para recordar a los musulmanes en general y en particular al pueblo del Magreb, el cual tiene su historia estrechamente vinculada a Al Andalus,…para recordarles la hipótesis de yihad y cómo cada musulmán debe luchar por Dios hasta restaurar cada pedazo de la tierra islámica usurpada"[28]

El mismo año que los radicales magrebíes impulsaban su acción comunicativa, sus compañeros somalíes también adoptaban el nombre de Al Andalus para bautizar a su nueva emisora de radio[29], destinada a

---

[28] Al Qaeda en el Magreb Islámico. "La creación del Instituto de Producciones Mediáticas Al Andalus" (en árabe) , 9/10/09.
[29] MEDIA MONITOR (2012). "Al-Shabaab's media outlets", *Somalia Report*, October 7. http://www.somaliareport.com/index.php/post/3485

propagar el ideario del grupo entre la paupérrima población de este país del cuerno de África.

Los yihadistas abrazan una misión histórica que se extiende a lo largo de los siglos y que no finalizará hasta que se haya alcanzado el objetivo maximalista de recobrar cualquier tierra que en algún momento formó parte del Islam. Este afán entronca con la "sacralización de la tierra" vigente en el islamismo, según la cual, el dominio musulmán de un territorio, lejos de constituir un mero accidente histórico, supone la plasmación de un deseo de Dios y por tanto es irreversible. La pérdida de los territorios incorporados al Islam constituye una anomalía que debe ser reparada sin importar el paso del tiempo. Este tipo de deudas ni prescriben, ni pierden urgencia con el paso de los siglos.

En este discurso no existen menciones sobre la forma en la cual el Islam se extendió sobre una tierra que originariamente y de manera mayoritaria profesaba el cristianismo. La presencia del Islam en España se asume como un hecho natural, y cuando se produce alguna mención, como en el caso de Osama Bin Laden, se hace para obviar cualquier carácter coactivo en esa expansión del "país [España] que un día formó parte nuestro mundo cuando sinceramente lo adherimos al Islam"[30].

---

[30] Osama Bin Laden (Al Qaeda). Audio emitido por *Al Jazeera* el 4 de enero de 2004.

La península ibérica, es "dar al islam"[31], una tierra islámica perteneciente a la *umma*, que fue arrebatada y ocupada por infieles. Esta "devolución" debe dar paso la reinstauración de las fronteras originarias del Califato medieval. Según Ayman Al Zawahiri: "La yihad busca la liberación de Palestina (…) y liberar cualquier territorio que alguna vez fue territorio del islam, desde España a Irak"[32].

Esta delimitación de las fronteras originarias e inamovibles del Islam se ha convertido en un verdadero "mantra" que se reitera sin descanso. La obsesión "alqaediana" ha pasado a formar parte del discurso del resto de redes que integran esta constelación radical. Así, por ejemplo, en un comunicado elaborado por Al Qaeda en Magreb Islámico podía leerse lo siguiente:

> "(…) nunca envainaremos nuestra espada y no disfrutaremos de la vida hasta que liberemos cada porción de la tierra islámica de las manos de los cruzados, los apóstatas y sus colaboradores: hasta que nuestros pies lavados caminen de nuevo por la tierra robada de Al Andalus y la profanada Jerusalén[33].

---

[31] Traducible por "Tierra del Islam", (o literalmente: la casa del Islam). Es el nombre utilizado por el Islam más tradicional para designar al conjunto de las tierras controladas por musulmanes. Se trata de un término que se contrapone a *Dar al-Harb*, las tierras habitadas por los no musulmanes (literalmente: la casa de la guerra).

[32] Ayman Al Zawahiri (Al Qaeda). Video sobre la intervención militar israelí en el Líbano y Gaza, difundido en Internet el 27 de julio de 2006.

[33] Al Qaeda en el Magreb Islámico. Comunicado escrito difundido en Internet el 11 de abril de 2007.

Esta reclamación territorial ha sido incorporada al discurso de otros grupos, independientemente de su lejanía geográfica y desconexión con la realidad española. El destacado líder talibán Mansour Dadallah afirmaba desde Afganistán: "La yihad continua siendo un deber individual que nos incumbe a todos, hasta que recobremos Al Andalus y todas las tierras ocupadas por los infieles."[34]

Las referencias a Al Andalus también sirven como argumento para justificar la violencia propia como una justa venganza, a pesar de que esta se haya producido con más de quinientos años de distancia. El líder de los yihadistas magrebíes afirmaba que la pérdida de tierra islámica a lo largo de la historia se ha producido tras "un serio intento por exterminar a los musulmanes y erradicar su religión y sus creencias de una manera terrible" tal y como "hizo la Inquisición en la historia de Al Andalus"[35]. Existe una continuidad entre la violencia contra los musulmanes en el siglo XV y la que se practica actualmente: "La España de hoy en día perpetúa esa Inquisición siendo aliada de la OTAN y de EE UU en la guerra contra el islam y los musulmanes."[36]. Es el mismo tipo de pensamiento que reforzó la determinación asesina de los terroristas del 11-M, los cuales consideraron que el ataque contra la población española estaba justificado porque "la historia de Al-Andalus y de la Inquisición no está lejos"[37].

---

[34] Mansour Dadallah (Talibán). Entrevista en video difundida por *Al Jazeera* el 17 junio de 2007.

[35] Abu Musab Abd Al Wadoud (AQMI). "Genocidio del pueblo musulmán en Nigeria: un nuevo episodio de la guerra cruzada contra la nación islámica" (en árabe), 01/02/2010.

[36] Salah Abu Mohamed (AQMI). Carta enviada al diario *El País*, 13/3/2010.

[37] Video recuperado el 3 de abril de 2004 tras la explosión en la vivienda de Leganés donde se encontraba refugiados algunos de los componentes de la célula del 11-M. Véase:

Una semana después de los atentados de Madrid, la filial de Al Qaeda en Arabia Saudí interpretaba el atentado como una "venganza pendiente":

> "Los musulmanes tienen una venganza pendiente en España que está renovándose, la cual empezó por perder Al Andalus y los sitios sagrados de los musulmanes, y forzarles a abandonar su religión y echarles de sus tierras"[38].

Sin duda, el terrorista que más ha contribuido a mantener vivo el mito ha sido el egipcio Ayman Al Zawahiri. Se trata del autor individual que en mayor número de ocasiones ha mencionado explícitamente Al Andalus, a la cual ha situado como uno de los puntos geográficos que cierra la lucha de los musulmanes:

> "La yihad, que se ha levantado a lo largo de todas las tierras islámicas, trata de golpear las puertas de Jerusalén y liberar todas las tierras islámicas que fueron ocupadas desde la conquista de Al Andalus hasta la invasión de Irak."[39]

Hasta en catorce ocasiones, el actual líder de Al Qaeda, ha hablado del pasado islámico de España, incorporando diferentes variantes de la misma

---

AUDIENCIA NACIONAL. SALA DE LOS PENAL. JUZGADO CENTRAL DE INSTRUCCIÓN NÚM. 6. Sumario 20/04, p. 336.

[38] Al Qaeda en Arabia Saudí. "Invasión del Rafid" (en árabe), en la revista on line *Campo de Entrenamiento Al Battar nº 6*. 19/03/2004.

[39] Ayman Al Zawahiri (Al Qaeda). Grabación en audio (en árabe) difundida en Internet sobre los atentado sufridos por los cascos azules, 10/7/2007.

idea, como por ejemplo, que la reconquista de Al Andalus exige previamente "haber limpiado las tierras del Magreb islámico de los hijos de Francia y España, que han vuelto de nuevo"[40], o que Al Qaeda asume la obligación olvidada por los gobernantes del mundo árabe de "no olvidar a ni un solo musulmán en una tierra tomada por la fuerza"[41].

La primacía de Al Andalus también puede verse reflejada de manera cuantitativa en la acción propagandística del terrorismo. Desde principios de 2001 hasta finales del año 2013, al menos 149 comunicados escritos, cintas de audio y videos elaborados por organizaciones yihadistas han hecho mención a España. Entre los temas que los radicales han abordado, Al Andalus y sus variantes, con 60 menciones, ha sido el principal objeto de interés, muy por delante de la explotación propagandística de los atentados del 11-M, las menciones a Ceuta y Melilla, o los mensajes que tenían como objetivo la amenaza, la gestión de secuestros, o la referencia a la actualidad informativa en España.

---

[40] Ayman Al Zawahiri (Al Qaeda), "El poder de la verdad" (en árabe), video difundido en Internet, 19/9/2007.
[41] Ayman Al Zawahiri (Al Qaeda), "Elogio al papel modélico de los jóvenes: el comandante y jeque Baitullah Mehsud", video difundido en Internet, 27/9/2009.

Ilustración 1: Menciones a España por año/tema en la propaganda yihadista (2001-13)

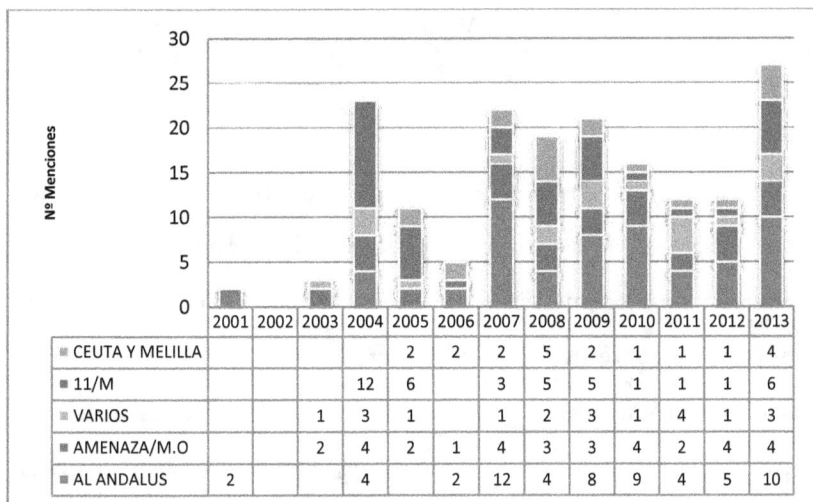

	2001	2002	2003	2004	2005	2006	2007	2008	2009	2010	2011	2012	2013
CEUTA Y MELILLA				2	2	2	5	2	1	1	1	4	
11/M			12	6		3	5	5	1	1	1	6	
VARIOS		1	3	1		1	2	3	1	4	1	3	
AMENAZA/M.O		2	4	2	1	4	3	3	4	2	4	4	
AL ANDALUS	2		4		2	12	4	8	9	4	5	10	

Fuente: archivo del autor

El mito de Al Andalus también está presente en los "nombres de guerra" utilizados por los muyahidín, los cuales habitualmente acompañan su nombre de pila a una referencia geográfica. El destacado miembro marroquí de Al Qaeda Amer el Azizi, se hacía llamar, entre otros, Otman al Andalusí, debido a su prolongada estancia en España donde obtuvo la nacionalidad y desempeñó un papel clave en los atentados del 11-M. Otros militantes[42], sobre todo magrebíes, sin haber tenido ninguna experiencia directa con España, también adoptan este sobrenombre, como una reafirmación de su adhesión a los grandes objetivos del movimiento yihadista. Es el caso, por ejemplo, de Moez Garsallaoui, un tunecino que tras vivir durante un largo tiempo en Europa, terminaría vinculándose a Al

---

[42] CRUICKSHANK, PAUL (2012). "Taking tea with a terrorist", *CNN Security Clearance*, 17 de octubre. http://security.blogs.cnn.com/2012/10/17/taking-tea-with-a-terrorist/. [Accedido el 18/02/2013]

Qaeda en la zona entre Afganistán y Pakistán utilizando diferente alias como "Abu al Qaqa al Andalusi, Abou Souheil al Andalousi, o Al Molla al Andalousi.

Para otros terroristas como el argelino Mokhtar Belmokhtar, líder del grupo que secuestró a tres cooperantes españoles en Mauritania en 2009, las conversaciones con sus rehenes españoles tenían como tema favorito sus ensoñaciones sobre Al Andalus[43], en especial el papel de Toledo, que afirmaba conocer muy bien a pesar de no haber pisado nunca la península. Fatah Al Andalus fue, también, el nombre elegido por una célula terrorista desmantelada por Marruecos en 2008 que tenía entre sus objetivos el atentar contra objetivos turísticos[44].

Amenazas sobre España

En la propaganda yihadista encontramos múltiples amenazas explícitas a los intereses y seguridad de los españoles. Algunas de ellas han anunciado como inminentes una serie ataques sobre los cuales se aportaba

---

[43] CEMBRERO, IGNACIO (2013). "Yo vi llorar a Belmojtar", *El País*, 27 de enero.

[44] ECHEVERRÍA, CARLOS (2009) "The Current State of the Moroccan Islamic Combatant Group", CTC Sentinel, Vol. 2 N° 3. http://www.ctc.usma.edu/wp-content/uploads/2010/06/Vol2Iss3-Art8.pdf

información específica, mientras que otras han hecho alusión a España a raíz de una orientación de carácter estratégico sobre quién es el enemigo, o la conveniencia de priorizar un objetivo frente al resto.

Los medios de comunicación nacionales han acogido con una atención desigual la aparición de estos inquietantes mensajes. En ocasiones han obviado comunicados de gran relevancia, mientras que en otras han prestado una atención desproporcionada a contenidos, que a pesar de la agresividad de sus palabras, estaban escasamente respaldados por una organización con capacidad real de hacer realidad esas advertencias.

El verdadero elemento diferenciador entre unos y otros, ha sido la autoridad y credibilidad de quienes se encontraban detrás de las palabras. El mensaje más relevante en ese sentido, fue el protagonizado por Osama Bin Laden en una grabación en audio difundida por la cadena *Al Jazeera* el 18 de octubre de 2003:

> "dejemos que los injustos sepan que nos reservamos el derecho de responder en el momento y lugar adecuados contra todos los países implicados [en la guerra de Irak], especialmente el Reino Unido, España, Australia, Japón e Italia".

Casi cinco meses después se producían los atentados contra los trenes en Madrid. Una secuencia que no resultó accidental, teniendo en cuanta la influencia de este mensaje[45] en la determinación de los terroristas de fijar

---

[45] REINARES, FERNANDO (2009). "¿Acaso el 11-M no se fijó en Bruselas?", *El País*, 11 de marzo.

el 11 de marzo de 2004 como la fecha en la que darían cumplida cuenta de la advertencia lanzada por el líder de Al Qaeda.

Otro comunicado amenazante, pero de carácter más específico, se difundía tan sólo dos meses después de las palabras de Osama, aunque pasó totalmente desapercibido en España, y no fue capaz de destacarse de manera especial en Internet, debido a la avalancha de propaganda yihadista que aparecía diariamente en el ciberespacio. Un ente denominado "El órgano de Información de Ayuda al Pueblo Iraquí (Departamento de Propaganda exterior)" distribuía a través de la plataforma virtual del *Global Islamic Media* un documento titulado: "Un mensaje al pueblo español", en el cual se hacía referencia a la reciente muerte en una emboscada en Irak de un grupo de agentes del servicio de inteligencia español (CNI) en Irak:

> "Si la escena de los siete espías no es suficiente para activar tus sentimientos y que emprendas la salvación de tus hijos, nos empujarás a incrementar nuestra resistencia. Los batallones de la resistencia iraquí y sus partidarios en el exterior son capaces de incrementar la dosis, hasta eclipsar tus recuerdos de los despreciables espías."[46]

Mayor repercusión adquiriría después de los atentados el tristemente famoso análisis "El Irak del yihad: esperanzas y riesgos", elaborado por el

---

[46] El órgano de Información de Ayuda al Pueblo Iraquí (Departamento de Propaganda exterior). "Un mensaje al pueblo español", comunicado distribuido en Internet el 8 de diciembre de 2003. Véase: PAZ, REUVEN. (2004). "A Message to the Spanish People: The Neglected Threat by Qa`idat al-Jihad", *PRISM Series of Special Dispatches on Global Jihad*, No. 2/2, (18 March). Disponible en: http://www.e-prism.org/images/PRISM_Special_dispatch_no_2-2.pdf [Accedido el 18/02/2013]

mismo órgano y difundido por idéntica vía. Tras un detallado análisis de la coyuntura social y política en España, se recomendaba:

"Debe aprovecharse al máximo la proximidad de la fecha de las elecciones generales en España en el tercer mes del año próximo (...) Creemos que el Gobierno español no soportará más de dos o tres golpes, como máximo, antes de verse obligado a retirarse por la presión popular. Si sus tropas permanecen tras estos golpes, la victoria del Partido Socialista estará prácticamente garantizada, y la retirada de las tropas españolas estará en la lista de su proyecto electoral."

A diferencia de los anteriores comunicados, no se trataba de una amenaza pública destinada a intimidar a la sociedad española, sino que más bien había sido elaborado como un documento de lectura interna en apoyo a los muyahidín que combatían en Irak[47].

Las reivindicaciones de los atentados del 11-M también incluyeron contenidos amenazantes, los cuales aprovecharon la inmediatez del horror para reforzar su poder coactivo: "ya os hemos preparado algo que os causará rabia, y estos benditos ataques no son sino una pequeña muestra, y un aviso de parte nuestra"[48]. El grupo responsable de las matanzas no

---

[47]   LIA,   BRYNJAR,   &   HEGGHAMMER,   THOMAS   (2007). "Jihadi Strategic Studies: The Alleged Al Qaeda Policy Study Preceding the Madrid Bombings", *Studies in Conflict and Terrorism, Vol.* 27 n° 4, pp. 355-375.
[48] Abu Dujana al Afgani (Ansar Al Qaeda en Europa). Video remitido a *Telemadrid* el 13/3/2004.

ahorró adjetivos intimidantes: "convertiremos vuestro país en un infierno y haremos fluir vuestra sangre como ríos"[49].

Tras los atentados de Madrid, y la posterior retirada de las tropas españolas de territorio iraquí, este tipo de mensajes justificaron su contenido apelando a otra serie de argumentos, principalmente la continuación de la misión española en Afganistán. Así por ejemplo, *Global Islamic Media Front* (GIMF), difundía un video coincidiendo con en el tercer aniversario de los atentados de Madrid, en el que instaba a Austria y Alemania a no seguir "el ejemplo del Gobierno socialista en España, que ha engañado a su pueblo al retirar a sus tropas de Irak y enviar a otros 600 soldados a Afganistán (…), con el envío de tropas a Afganistán, pone en peligro otra vez a su país"[50].

Es el mismo motivo que puede detectarse tras los fallidos atentados de enero de 2008 contra el Metro de Barcelona, y que llevó a Maulvi Omar, portavoz del grupo de talibanes pakistaníes *Tehrik e Taliban Pakistan* (TTP) a afirmar en una entrevista: "El de Barcelona fue conducido por 12 de

---

[49] Abu Duja al Afgani (Ansar Al Qaeda en Europa). Fax enviado al periódico *ABC* el 05/04/2004

[50] Global Islamic Media Front (GIMF). Video difundido en internet el 10 de marzo de 2007. Tiempo después se conocería que el autor de este mensaje era el joven musulmán austriaco Mohamed Mamoud, el cual sería condenado por su intensa actividad propagandística como miembro de la infraestructura del GIMF en Occidente. Véase: TORRES SORIANO, MANUEL R. (2012). "Between the Pen and the Sword: The Global Islamic Media Front in the West", *Terrorism & Political Violence*, Vol. 24 N°5, pp. 769-786.

nuestros hombres (…), debido a la presencia militar de España en Afganistán"[51].

Sin embargo, la presencia militar en este país asiático, no ha sido el único argumento esgrimido por los yihadistas, los cuales han considerado que España mantiene una actitud hostil hacia el Islam en hechos tan dispares como la celebración en Madrid de una conferencia internacional destinada a reflexionar sobre las estrategias para hacer frente al terrorismo[52], la sentencia condenatoria por pertenencia a Al Qaeda del periodista de *Al Jazeera* Taysir Allouny[53], o la publicación en medios españoles de las polémicas viñetas de Mahoma[54].

No siempre ha sido posible establecer la solidez de las amenazas lanzadas contra España, sobre todo cuando el origen eran unas supuestas organizaciones que carecían de una trayectoria previa, o de cualquier tipo de prueba de su existencia o peligrosidad. Un ejemplo de esto lo podemos encontrar en el mensaje que las autodenominadas "Brigadas Mártires de Al Andalus" enviaron al periódico *Ideal* de Almería. En un confuso escrito se amenaza por la permanencia de tropas españolas en Afganistán, algo que no resulta sorprendente, sin embargo, también se citaba como un agravio un hecho tan desconcertantemente específico como el aumento de los efectivos policiales encargados de investigar el terrorismo yihadista en la provincia de Almería, los cuales se habían visto reforzados con 28 nuevos

---

[51] Maulvi Omar (Talibanes Pakistaníes). Entrevista en video difundida en Internet el 29 de agosto de 2008.
[52] Al Qaeda en Irak. Comunicado difundido en Internet el 11 de marzo de 2005.
[53] Global Islamic Media Front (GIMF). "La Voz del Califato", video difundido en Internet el 28 de septiembre de 2005.
[54] Ejército Islámico de Irak. Comunicado difundido en Internet el 6 de febrero de 2006.

miembros, según había publicado la prensa local: "Sabed que si vosotros tenéis 28 hombres que aman la vida, nosotros tenemos 28 hombres que aman la muerte." Según el "Príncipe de los suicidas": "(…) tenemos una cita que va a curar el corazón de muchos musulmanes y que os va a obligar a retirar las tropas de Afganistán". El trabajo policial posterior permitió establecer que este extraño mensaje no estaba del todo infundado. Como consecuencia de la puesta en marcha de la operación contraterrorista apodada "Nova", se pudo conocer que la carta pudo haber sido escrita en alguno de los dos ordenadores portátiles encontrados en una casa de Cabañuelas (Almería) en la que vivía el argelino Mourad Yala, alias "Abu Anas "[55]. Este ya había cumplido condena en Holanda después de que, en compañía de otros integristas, le detonase el artefacto explosivo que trataba de camuflar dentro de un ordenador[56].

La larga sombra de aquel 11 de Marzo

El ataque contra los trenes de cercanías de Madrid se convirtió en el mayor atentado en la historia de un país tristemente acostumbrado a sufrir la violencia terrorista. La propaganda yihadista no dudó en calificarlo como

---

[55] DIARIO DE LEÓN (2004). "Al descubierto las Brigadas Suicidas de Andalucía", *Diario de León*, 20 de octubre. Disponible en: http://www.diariodeleon.es/noticias/espana/al-descubierto-las-brigadas-suicidas-de-andalucia_162246.html [Accedido el 18/02/2013]

[56] EL PAIS (2004). "Dos detenidos por Garzón prepararon un ordenador bomba en Holanda", *El País*, 9 de noviembre.

una "victoria", lograda por un grupo de "héroes que levantaron bien alta la cabeza de la nación islámica"[57].

El recuerdo de este atentado ha sido uno de los temas que mayor atención ha recibido por parte del discurso terrorista. Según esto, los muyahidín fueron capaces de lograr con una única operación desgajar un importante componente de lo coalición de países que apoyaban la ocupación norteamericana de Irak, imprimiendo, al mismo tiempo, un favorecedor cambio de rumbo en las políticas de un destacado país occidental. Dicha interpretación es muy reconfortante para una audiencia radical que necesita reforzar su convencimiento sobre el poder y las capacidades de las tácticas terroristas. Los diferentes grupos yihadistas hayan hecho un notable uso de este episodio, bien para coaccionar a una audiencia enemiga, o bien para espolear los ánimos de la masa de partidarios que necesitan creen en la viabilidad y cercanía de una victoria total.

El 11-M ha sido contemplado como una gesta de la cual podían extraerse numerosas lecciones para orientar la acción de los muyahidín. Por un lado, fue visto como un ejemplo de "cómo dañar la economía cruzada", pero también como una táctica para "desbaratar los planes de los infieles"[58]. Los extremistas también percibieron estos ataques como un excelente ejemplo[59] de lo que la determinación de un pequeño grupo de fieles puede conseguir contra el enemigo. Los terroristas establecieron una relación

---

[57] Karim el-Mejjatti (AQAP). Revista "La voz de la Yihad" (en árabe), difundida en Internet, 08/02/2007.

[58] Al Qaeda en la Península Arábiga. (AQAP). Revista *Campo de Entrenamiento Al Battar*, (en árabe), nº 7, difundida en Internet, 29/03/2004.

[59] Al Qaeda en la Península Arábiga. Revista *La voz de la yihad* (en árabe), nº 11, difundida en Internet, 22/04/2004.

causa-efecto entre los atentados y la pérdida del poder por parte del partido de José María Aznar. Una derrota contra todo pronóstico, que permitió el ascenso al poder del Partido Socialista, y con él, la retirada del contingente español en Irak, lo que dirigió "un doloroso golpe al portador de la cruz, América"[60]. Se trató de un golpe "desafiante y poderoso" capaz de "hacer caer un gobierno"[61] Las víctimas civiles del atentado quedaban justificadas porque "nuestras víctimas en Irak también lo fueron"[62]. Los atentados fueron "una forma de vengar a los musulmanes que han sido masacrados a lo largo de los años, repitiendo lo mismo a sus ciudadanos"[63].

Los terroristas han hecho un uso recurrente de este trágico episodio para reforzar el poder de sus amenazas. Inmediatamente después de los ataques, una serie de siglas, sobre cuya existencia no existía constancia, empezaron a difundir comunicados donde se advertía de que los atentados contra España, era una demostración de lo que los muyahidín estaban dispuestos a hacer si los países occidentales no satisfacían sus demandas. Así, por ejemplo, a finales de julio de 2004 un grupo autodenominado "Al Qaeda en Europa", colgaba en Internet un comunicado donde se advertía a los gobiernos búlgaro y polaco de que debían retirar sus contingentes en Irak: "o recurriremos al lenguaje de la sangre que ya hablamos en España, Washington y Nueva York"[64]. Días después, este grupo repetía el mismo

---

[60] Global Islamic Media Front (GIMF). Comunicado: "Un soldado de Al Qaeda está llegando" (en árabe), difundido en Internet, 07/11/2005.

[61] Al Yaqin Media Center. "Entrevista a un soldado de Al Qaeda", difundida en Internet, 12/09/2008.

[62] Al Qaeda en la Península Arábiga. (AQAP). Revista "*Campo de Entrenamiento Al Battar,* (en árabe), nº 6, 19/03/2004.

[63] Mujahid Aziz (AQAP) "¿Tienen los terroristas cristianos y los muyahidín objetivos similares?", (en inglés), *Inspire*, nº9, 03/05/2012.

[64] Al Qaeda en Europa. Comunicado difundido en Internet, 21/07/2004.

procedimiento, aunque esta vez amenazando al gobierno australiano, recomendándole "siga los pasos de Filipinas y España. Es lo correcto para garantizar tu seguridad y vuestras vidas"[65].

Las Brigadas Abu Hafs Al Masri/Al Qaeda, por ejemplo, volvió a amenazar a los países europeos, instándoles a aceptar la tregua ofrecida por Osama Bin Laden en abril de 2004, o: "traduciremos sus palabras en hechos, y las traduciremos como lo hicimos en Madrid y en Estambul"[66]. Cuando un año después, se atribuía la autoría del atentado contra el transporte público de Londres, establecía una línea de continuidad entre ambos ataques: "El comienzo fue en Madrid, y Estambul...y ahora en Londres...y mañana los muyahidín tendrán la última palabra"[67]

Paradójicamente, los más comedidos en la explotación propagandística de los atentados en Madrid, han sido los propios líderes de Al Qaeda. La primera mención de Osama Bin Laden a estas acciones se produciría un mes después, dentro de una grabación de audio donde ofrecía un tratado de paz a los europeos. Sin embargo, la referencia a estos ataques es muy escueta y se interpretan como un episodio más de la reacción defensiva de los musulmanes: "Hay una lección referente a lo que sucede en la ocupada Palestina y lo que sucedió el 11 de septiembre y el 11 de marzo: esta son vuestras mercancías, retornando a vosotros (...)"[68] Hasta enero de 2006, el líder terrorista no volvería a aludir a los atentados contra los trenes, y sólo lo haría de manera indirecta: "La realidad muestra que la guerra

---

[65] Al Qaeda en Europa. Comunicado difundido en Internet, 24/07/2004.
[66] Brigadas Abu Hafs Al Masri. Comunicado difundido en Internet, 10/08/2004.
[67] Brigadas Abu Hafs Al Masri. Comunicado difundido en Internet, 9/07/2005.
[68] Osama Bin Laden (Al Qaeda). "Mensaje a los europeos" (en árabe), audio difundido en Internet, 15/04/2004.

contra América y sus aliados no ha permanecido limitada a Irak, (…) la evidencia de esto son las explosiones que ustedes han presenciado en las capitales más importantes de los países europeos que son miembros de esta coalición hostil"[69]. El número dos de la organización, Ayman Al Zawahiri no haría mención de este episodio hasta noviembre de 2005, dentro de un video donde elogiaba los atentados del 7-J en Londres: "Estos benditos ataques tuvieron sus ilustres predecesores en Nueva York, Washington, y Madrid, llevando la batalla al propio territorio del enemigo." "[70]. No sería hasta septiembre de 2008 cuando el grupo utilizase por primera vez material gráfico del atentado, para ilustrar una secuencia de acciones de la yihad en el mundo, en la cual se incluían entornos tan dispares como Irak, Argelia, Somalia, Londres, Nueva York y Madrid[71].

Las usurpadas Ceuta y Melilla

Las ciudades españolas de Ceuta y Melilla, a pesar de estar enclavadas en un continente distinto al europeo, cuentan con una dilatada historia de pertenencia a los reinos cristianos de la península ibérica. La incorporación de ambas ciudades a la soberanía española se produjo a finales del siglo XV, antes incluso de que algunos de los territorios peninsulares se incorporasen oficialmente al estados español. Es de sobra conocido que la ubicación geográfica de ambos enclaves en el norte de Marruecos, junto a la abundante población musulmana de ambas ciudades,

---

[69] Osama Bin Laden (Al Qaeda). Grabación en audio difundida por *Al Jazeera*, 19/01/2006.
[70] Ayman Al Zawahiri (Al Qaeda). "La voluntad de los guerreros de la incursión de Londres" (en árabe), video difundido en Internet, 16/11/2005.
[71] Al Qaeda. "Un verdadero imán" (en árabe), video difundido en Internet, 28/09/2008.

ha servido como base para un amplísimo historial de reivindicaciones territoriales por parte del reino alauita, constituyendo dicha pretensión uno de los pilares básicos de su política exterior, y de su agenda política con respecto a España.

Cuando la propaganda yihadista alude a ambas ciudades, lo hace igualmente en un tono reivindicativo, no obstante, a diferencia de los gobernantes marroquíes, la anexión que se persigue, no es hacia un determinado estado nacional, sino hacia el conjunto de la *umma* o comunidad formada por todos los musulmanes. Según esto, la comunidad islámica ha sido deliberadamente fragmentada en diferentes naciones, creadas artificialmente por Occidente para mantener al Islam dividido y enfrentado entre sí. Por tanto, no tiene sentido perseguir la reintegración de ambas ciudades dentro de unas fronteras ficticias. El objetivo último es expulsar la presencia cristiana de ambos enclaves, y eliminar cualquier tipo de injerencia occidental:

> "Somos una nación, con una religión y una lengua. Nuestra historia es la misma, pero nuestra tierra está dividida, desgarrada en estados por el colonialismo. (...) Resulta extraño que el régimen marroquí busque, según sus declaraciones, anexionarse el Sahara Occidental, y al mismo tiempo, mantiene un silencio cómplice sobre la ocupación de Ceuta y Melilla por los cruzados españoles. (...) Uno de nuestros objetivos es (...) rescatar al Magreb Islámico del proyecto diseñado para destruirlo. Asimismo, buscamos

liberar el Magreb islámico de los hijos de Francia y España…"[72]

La propaganda que alude a las ciudades no busca explicar los motivos que justifican estas pretensiones. Su pertenencia a la *umma* se considera una verdad en sí misma, que no requiere mayor explicación: "Juramos por Dios que no abandonaremos las armas, no detendremos nuestra guerra santa, no renunciaremos a nuestras creencias ni a Al Andalus, Ceuta, Melilla, Bosnia, Kosovo… por mil conferencias de Oslo, Annapolis, Londres o Salahadin que se celebren"[73]. Según Ayman Al Zawahiri, la posesión española de ambos enclaves, sólo puede ser calificada de "ocupación". Una presencia ilegítima que ha sido amparada por el conjunto de naciones infieles, y por los organismos internacionales, en especial la ONU. Este último organismo es percibido como un enemigo declarado del Islam, no sólo por legitimar la ocupación israelí de Palestina, sino también porque "es la misma que considera Chechenia, una parte inseparable de la cruzada Rusia; Ceuta y Melilla, una parte inseparable de la cruzada España…."[74]

El tema "Ceuta y Melilla" también tiene un destacado componente de reproche hacia los actuales regímenes gobernantes del mundo musulmán. Tolerar esta "injusticia", y no adoptar una actitud más enérgica y hostil

---

[72] Abu Musab Abd Al Wadoud (AQMI). Entrevista en audio reproducida por *The New York Times*, 01/07/2008. Disponible en:
http://www.nytimes.com/2008/07/01/world/africa/01transcript-droukdal.html
[Accedido el 19/02/2013]
[73] Ayman Al Zawahiri (Al Qaeda). "Annapolis. La traición" (en árabe), audio difundido en Internet, 14/12/2007.
[74] Ayman Al Zawahiri (Al Qaeda). "El encuentro abierto" (en árabe), audio difundido en Internet, 02/04/2008.

hacia la españolidad de ambas ciudades, ha sido utilizado como un argumento más para deslegitimar a unos regímenes tachados de "apóstatas". Esta interpretación está especialmente presente en la propaganda de Al Qaeda en el Magreb Islámico, y su principal destinatario es el rey marroquí, el cual está "más preocupado con el Sahara Occidental que con liberar Ceuta y Melilla y limpiarlas de la impureza de España"[75]. Según el líder de la facción de Al Qaeda en el norte de África, Abu Musab Abd Al Wadoud:

> "Ningún musulmán celoso de su religión y su *umma* puede citar a Marruecos sin mencionar a Ceuta y Melilla, ocupadas por los españoles, y que su corazón no se desagarre por la injusticia sufrida por nuestra *umma* a causa de esta ocupación y, a pesar de que este statu quo es rechazado por nuestro *sharia* islámica y por las leyes internacionales, y no se puede aceptar ni histórica ni geográficamente. A pesar de todo ello, no hemos encontrado a nadie para hablar de esta cuestión, y demandar a España que abandone los hogares y la tierra de los musulmanes"[76].

Aunque los alegatos sobre la necesidad de reintegrar a la *umma* estas dos ciudades españoles se han convertido en un contenido frecuente en la propaganda terrorista, debemos tener muy presente que el interés yihadista por ambas ciudades ha sido muy tardío. La primera mención a estas ciudades no se produjo hasta mayo de 2005, cuando un desconocido

---

[75] Abu Musab Abd Al Wadoud (AQIM). Video difundido en Internet, 09/05/2007.
[76] Abu Musab Abd Al Wadoud (AQIM), "Un mensaje a nuestra umma en el Magreb Islámico" (en árabe), video difundido en Internet, 21/09/2008.

grupo marroquí denominado Ejército de Liberación Islámica (Jeich al-Tahrir al-Islami) difundió en Internet el primer número de su publicación on-line: *Ecos de la Liberación,* donde realiza un llamamiento a la lucha para liberar las tierras del islam de la ocupación española, aludiendo específicamente a Ceuta, Melilla y las "islas", en alusión que las Islas Canarias. Este comunicado constituye igualmente la primera mención a las islas españolas.

En octubre de ese mismo año, se produciría la primera mención de la organización argelina Grupo Salafista para la Predicación y el Combate[77], a la supuesta "recuperación" de Ceuta y Melilla, a la cual situaba en el mismo nivel que la "agresión" que estaban padeciendo Irak, Afganistán y Chechenia.

Un año después, dentro del foro yihadista *Al Ansar* aparecía un *post* titulado: "Liberación de las ciudades de Ceuta y Melilla". Dicho mensaje firmado por el pseudónimo Nadim Al Magrebi, detrás del cual las fuentes policiales estimaban que se encontraba una amenaza real procedente de un grupo vinculado al GSPC/Al Qaeda[78]:

"Si es una obligación para nuestros hermanos de Al Qaeda alistarse con los muyahidines en Irak, creo que se considera

---

[77] Abu Abdullah Muhamad (GSPC). Revista *Al Majallah,* nº 5, difundida en Internet, 17/10/2005.

[78] BOTHA, ANNELI (2008). *"Terrorism in the Maghreb. The Transnationalisation of Domestic Terrorism",* *ISS Monograph,* Nº 144, June. Disponible en: http://www.issafrica.org/pgcontent.php?UID=19720 [Accedido el 19 de febrero de 2013]

como obligación principal, también, la yihad contra el estado infiel español, para liberar las ciudades ocupadas de Ceuta y Melilla. Y esto formando un grupo yihadista fuerte que no tenga como objetivo llevar sólo una o dos operaciones, sino declarar una guerra a muy largo plazo. Espero que esta proposición sea aceptada por los hermanos muyahidín y aquellos deseosos de llevar a cabo la yihad en los países del norte de África."[79]

El 20 de diciembre de 2006 se produciría la primera mención expresa de ambas ciudades por parte Al Qaeda. En un video titulado "La verdad del conflicto entre el Islam y los infieles", Ayman Al Zawahiri afirmaba:

"Las Naciones Unidas son una organización hostil al Islam (…) ha obligado a todos sus miembros, incluyendo a los gobiernos de los países islámicos, a reconocer Israel (…) al igual que ha obligado a reconocer la ocupación rusa de Chechenia y del Cáucaso islámico, la ocupación china del este de Turkistán, la ocupación española de Ceuta y Melilla, y la ocupación de otras tierras islámicas por gobiernos no musulmanes que son miembros de la ONU":

Lejos de ser un mero recurso retórico, Al Zawahiri ha vuelto a reiterar a lo largo de los años sus menciones a las ciudades españolas. El contexto en el cual se produjo esta primera mención posee, no obstante, un enorme

---

[79] IRUJO, JOSÉ MARÍA (2006). "Ceuta y Melilla se convierten en objetivo de la guerra santa islámica", El País, 5 de noviembre.

significado. Las palabras del terrorista egipcio tuvieron lugar en un momento donde Al Qaeda había sumado formalmente a su estructura la principal organización yihadista del Norte de África. La nueva denominación del Grupo Salafista para la Predicación y el Combate, convertido en Al Qaeda en las Tierras del Magreb Islámico, lejos de ser un mero cambio nominal, implicó su subordinación al liderazgo de la organización y la adopción formal de los prioridades marcadas por esta. La adopción de la "marca Al Qaeda" fue fruto de un largo y difícil proceso de negociaciones destinado a garantizar la obediencia e integración efectiva de este grupo. Aunque en 2003, el grupo argelino ya había declaró expresamente su sintonía con Osama Bin Laden, pasarían tres años hasta que Ayman Al Zawahiri, reconoció expresamente que el GSPC se había unido a las filas de Al Qaeda, algo que confirmó su propio líder días más tarde, y que requeriría de cinco meses más, hasta que el propio Bin Laden autorizó el cambio de nombre[80].

Dicha "refundación" ha sido generalmente contemplada desde la perspectiva de los cambios ha tenido que asumir el grupo argelino para obtener la "acreditación alqaediana"[81]. Se ha señalado entre ellos el aumento de la productividad y sofisticación de su aparato propagandístico,

---

[80] KOHLMANN, EVAN F. (2007). "Two Decades of Jihad in Algeria: the GIA, the GSPC, and Al-Qaida", *NEFA Foundation*, May. Disponible en: https://www.cimicweb.org/cmo/medbasin/Documents/North%20Africa/Security/N EFA%20GIA%20report.pdf [Accedido el 19 de febrero de 2013]

[81] KATZ, RITA & DEVEN, JOSH (2007). "Franchising Al Qaeda", *The Boston Globe*, June 22.

junto al aumento de la retórica antioccidental de su discurso[82]. La renovada importancia que este grupo empezó a conferir a los "objetivos globales", quedó reflejada en algunos de sus atentados, los cuales no se limitaron al gobierno y fuerzas de seguridad argelinas, sino también, a la presencia e intereses occidentales en el norte de África[83].

Sin embargo, la perspectiva menos utilizada para analizar este proceso de mutación, ha sido precisamente la de entender cuáles son las condiciones que ha tenido que asumir "Al Qaeda organización" para lograr la sumisión plena de su filial magrebí. No resulta descabellado pensar el que el grupo norteafricano solicitase incorporar las menciones expresas a Ceuta y Melilla dentro del discurso de mayor nivel de la organización matriz. El antiguo GSPC aspiraba a convertirse en un grupo transfronterizo, y posiblemente una de las estrategias seguidas para diluir su carácter marcadamente argelino, era la de añadir a su ideario una reivindicación territorial que goza de una enorme popularidad en la opinión pública marroquí. Su recién descubierto interés en estas dos ciudades puede detectarse fácilmente en los comunicados de los líderes del grupo, los cuales han hecho numerosas alusiones a Ceuta y Melilla, utilizando a ambas ciudades como un argumento para la movilización de los musulmanes,

---

[82] BLACK, ANDREW (2007). "Al-Qaeda in the Islamic Maghreb's Burgeoning Media Apparatus", *Terrorism Focus*, Vol. IV N° 14. Disponible en:
http://www.jamestown.org/single/?no_cache=1&tx_ttnews[tt_news]=4158
[Accedido el 19 de febrero de 2013]

[83] BLACK, ANDREW (2008) "AQIM's Expanding Internationalist Agenda", *CTC Sentinel*, Vol. 1 N° 5. Disponible en: http://www.ctc.usma.edu/posts/aqim%E2%80%99s-expanding-internationalist-agenda [Accedido el 19 de febrero de 2013]; MARRET, JEAN-LUC (2008). "Al-Qaeda in Islamic Maghreb: A "Glocal" Organization", *Studies in Conflict & Terrorism*, Vol. 31 N°6, pp. 541-552.

pero también como una excusa para atacar a la monarquía marroquí, a la cual culpó de tibieza a la hora de hacer realidad la "recuperación" de este territorios "usurpados":

> "Te has desanimado de liberar Ceuta y Melilla, concentrándote en un conflicto fantasma en el Sahara Occidental, en el que los hilos son tejidos por una eminencia oscura controlada en Francia y España, un conflicto instrumentalizado por los dirigentes apóstatas como una forma de comenzar a exportar sus problemas internos para calmar la olla a presión hirviente"[84]

En las menciones de ambas ciudades, también existe una finalidad pedagógica. A pesar de que ambos nombres son sobradamente conocidos en la sociedad marroquí, no sucede así en otros países de mayoría islámica. Al Qaeda ha pretendido crear una nueva causa de frustración territorial para la *umma*, algo que contribuya a apuntalar su discurso de enfrentamiento violento, y facilitase el reclutamiento radical. La propaganda ha buscado que la opinión pública musulmana asuma que en el norte de África, existe un nuevo motivo de agravio, otro escenario de ocupación de las tierras musulmanas. Para conseguir esa identificación, se ha recurrido a poderosas analogías: "Al Andalus os está llamando, Al Aqsa os está llamando, y la Meca y Medina, Bagdad, Kabul, Grozni, Ceuta y Melilla. Todas ellas os están llamando. El Profeta os está llamando: tomad

---

[84] Abdullah Abu Jaber Al Ahmed (AQMI). Grabación en audio difundida en Internet, 4/05/2009.

venganza de aquellos que me han insultado…." [85]. Cualquier receptor de este mensaje que nunca antes haya oído hablar de ambas ciudades, inmediatamente entenderá (de manera errónea), que la situación de los musulmanes allí es equiparable a la que tiene lugar en Chechenia, Palestina, Irak o Afganistán.

[85] Ayman Al Zawahiri (Al Qaeda). "El encuentro abierto (parte 2)" (en árabe), difundido en Internet, 17/04/2008.

CAPÍTULO 2: YIHADISMO EN LA LENGUA DE CERVANTES

> Los límites de mi lenguaje son los límites de mi mundo.
>
> Ludwig Wittgenstein (1889-1951)

La presencia yihadista en Internet ha tenido al árabe clásico como idioma de referencia por motivos evidentes. El Islam establece que esta es la lengua empleada directamente por Dios para dictar a Mahoma los contenidos del Corán. Para los musulmanes constituye una necesidad conocer el idioma que empleó Alá para trasmitir su voluntad a los hombres, cuyas palabras no necesitan traducción, ni interpretación. El árabe se ha convertido en una lengua franca que permite unificar y dar identidad a toda la comunidad de creyentes. Su empleo por parte de los yihadistas, no sólo persigue las ventajas de poder comunicarse a través de un idioma que será entendido más allá de distintas fronteras nacionales, sino que también le otorga un solemnidad religiosa que no poseen los otros idiomas utilizados en el mundo islámico.

A pesar de la importancia simbólica del árabe, no es la lengua de uso común en los diferentes países de este bloque, donde popularmente se emplean diferentes dialectos que derivan generalmente del árabe clásico. En sociedades marcadas por unas elevadísimas tasas de analfabetismo, el árabe sigue siendo una lengua culta cuyo uso tiene lugar mayoritariamente en los medios de comunicación, la educación y la administración pública. Esto ha supuesto una limitación para la acción comunicativa del terrorismo, la cual ha recurrido a otros idiomas locales como el dari, el farsi, el turco o el somalí para ampliar el alcance de su mensaje entre los musulmanes.

Sin embargo, el recurso a otros idiomas no se ha ceñido a lenguas originarias de países de mayoría musulmana, sino que también ha empleado lenguas occidentes. Este tipo de propaganda ha sido la que mayor atención ha despertado en la opinión pública internacional, debido al mayor impacto psicológico entre una población que puede entender directamente a los terroristas sin necesidad de intermediarios.

Una pequeña porción de esta propaganda ha seguido teniendo como destinataria a la audiencia de algunos países musulmanes como Pakistán e Indonesia, donde el inglés constituye el principal idioma para un importante grupo de musulmanes que no dominan el árabe. Así, por ejemplo, el propio Ayman Al Zawahiri divulgaba en agosto de 2008 un mensaje en video dirigido a los musulmanes pakistaníes, en el cual empleaba por primera vez un más que aceptable inglés para reiterar los mensajes clásicos de Al Qaeda sobre la necesidad de abrazar la yihad contra los apostatas que gobiernan los países islámicos[86].

Los principales objetivos de estos mensajes han sido, por un lado, apuntar a la opinión pública de los países occidentales, y por otro, movilizar a

---

[86] SCHECTER, ANNA. (2008). "New Zawahri Tape; He Speaks English", ABC News, August 10. Disponible en: http://abcnews.go.com/Blotter/story?id=5552090&page=1 [Accedido el 19/02/2013]

aquellos musulmanes que residen en estos países y que se mueven con mayor comodidad en los idiomas propios del país. En el primer caso, se perseguía una cercanía idiomática con la audiencia "enemiga" para incrementar la capacidad persuasiva de sus amenazas, los llamamientos a la conversión, o el intento de que esos ciudadanos se distanciasen de las políticas "anti-islámicas" de sus gobernantes. En cuanto a los musulmanes en Occidente, los grupos yihadistas han tratado de movilizar a las segundas y terceras generaciones de inmigrantes, para los cuales el árabe se había convertido en una barrera para acceder a los contenidos radicales.

Para poder nutrir a este importante colectivo, han traducido algunos de los materiales ya existentes, pero también han elaborado directamente otros mensajes en inglés, alemán, francés o ruso, empleando para ello un lenguaje más accesible y directo que les permita conectar con las nuevas generaciones de musulmanes desarraigados.

El inglés ha sido el segundo gran idioma empleado por el yihadismo para alcanzar sus objetivos comunicativos. Algo que resulta lógico, no sólo por su difusión global, sino también por tratarse la lengua de su principal enemigo: los Estados Unidos de América. La frecuencia con la cual se ha recurrido a otras opciones como el francés y el alemán se explica por el volumen de población musulmana que los emplea.

A diferencia de países como Francia o Alemania, donde la inmigración procedente de países de mayoría musulmana es un fenómeno con una dilatada historia, existen otros países europeos cuyas lenguas propias han tenido poca presencia en la propaganda yihadista. Esto se explica por la relativa novedad de su experiencia inmigratoria, lo que hace que estos sigan empleando prioritariamente el idioma de su país de origen.

Este es el caso de España, donde su importante volumen de población musulmana procede mayoritariamente de la primera generación de inmigrantes llegados desde el Magreb a partir de la década de los ochenta. Esto explica por qué los contenidos elaborados en español, constituyen sólo una minúscula fracción del total de la propaganda terrorista disponible en el ciberespacio. No sería hasta 2013, cuando una organización yihadista (Al Qaeda en el Magreb Islámico) decidiese emplear por primera el español como idioma original en sus comunicados públicos. Sin embargo, este es un fenómeno circunstancial hasta que la estructura demográfica de los musulmanes españoles se equipare a otros países europeos, y empiecen a ganar peso las segundas y terceras generaciones que emplearan el español como lengua nativa.

No obstante, durante los últimos años ha sido posible encontrar en español un volumen significativo de contenidos de naturaleza yihadista, de desigual procedencia e importancia.

La yihad con ñ

La creación de las primeras webs de contenido yihadista a finales de la década de los noventa, y la difusión de las primeras traducciones al español de sus contenidos tuvo lugar de manera simultánea. Los primeros pasos en el ciberespacio se produjeron en un contexto de desconocimiento y desinterés por parte de la opinión pública internacional. Esto les llevó a poner en marcha algunas iniciativas mediáticas que pretendían trasladar a la sociedad su particular interpretación de algunos de los principales conflictos armados del momento. Las guerras de Bosnia y Chechenia eran mostradas como ejemplos de exterminios planificados de la población musulmana. Los responsables de estas páginas, eran consciente de la necesidad de concienciar a la opinión pública occidental, y para ello proporcionaron traducciones en diferentes idiomas de sus contenidos más destacados.

Una de las iniciativas más célebres de apoyo a los muyahidín fue la puesta en marcha de la web en inglés azzam.com[87], la cual tomaba su nombre del "abuelo de la yihad" Abdullah Azzam. Su administrador era Babar Ahmad, un joven estudiante de ingeniería en el *Imperial College* de Londres, el cual sería su máximo responsable desde su creación en 1996, hasta su detención en 2003. *Azzam Publications* se presentaba como una plataforma independiente dedicada al "periodismo objetivo y veraz". Uno de sus objetivos era presentar una visión alternativa a los grandes medios de comunicación acerca de los conflictos en los que se hallaban envueltos los musulmanes. Sin embargo sus contenidos eran una mera apología de la lucha de los muyahidín, cuyas biografías como héroes y mártires, compartían espacio con metraje operacional de sus acciones armadas contra tropas enemigas. Su influencia se basaba en el privilegiado vínculo que mantenía con algunos de los grupos yihadistas presentes en el campo de batalla, los cuales les remitía en primicia materiales inéditos. Estas

---

[87] TORRES SORIANO, MANUEL R. (2009). *El eco del Terror. Ideología y propaganda en el terrorismo yihadista*, Madrid: Plaza & Valdés.

imágenes llegarían a ser utilizadas y citadas explícitamente por las grandes cadenas de televisión, como la británica *BBC*.

Para aumentar el alcance de su web, que según afirmaba el administrador "superaba los 5 millones de visitas a la semana", puso en marcha otra serie de páginas hermanas dedicadas al conflicto checheno como waaqiah.com y qoqaz.net. En esta última se incluían enlaces a las versiones traducidas de la página en diferentes idiomas como el: turco, bosnio, alemán, sueco, italiano, francés, ucraniano, neerlandés, albanés, macedonio, malayo, ruso, somalí, indonesio y, por supuesto, español.

Estas páginas "espejo" era la contribución de algunos de los más entusiastas seguidores de la web original, los cuales aportaban desinteresadamente su trabajo para ampliar el alcance del mensaje de los guerreros islámicos. La versión en español era obra de una asociación de estudiantes sudamericanos afincados en Fresno (California) llamados *Latin American Muslim Unity* (LAMU)[88]. Este grupo consideraba que una de su misiones más importantes era la difusión entre el público hispanohablante de la trascendencia de la lucha de los musulmanes en Chechenia. Desde su punto de vista, era una actividad legal, exenta de riesgos. El anonimato no era una preocupación para un colectivo que había plagado su página web de fotos de sus reuniones, datos de contacto de sus miembros y convocatorias de nuevos eventos.

---

[88] Disponible en: http://latinmuslims.com/index.html [Accedido el 18 de abril del 2000]

Las primeras traducciones al español de los materiales yihadistas, lejos de ser obra de las propias organizaciones, llegarían a Internet como a través de la iniciativa de algunos simpatizantes que se movían con comodidad en diferentes lenguas. No obstante, tras el 11 de septiembre de 2001, se pone fin a la percepción de impunidad, y los "traductores voluntarios" asumen que este tipo de labores deben tener un carácter clandestino. Esto no desalentó a futuros activistas que vieron en la traducción una oportunidad para realizar una importante contribución personal a la yihad armada. Este era, por ejemplo, el llamamiento que se hacía desde un influyente blog radical[89]:

> "Hay numerosos puestos dentro de la yihad global que están disponibles para nosotros detrás de nuestros luchadores y comandantes (…) tú, mi querido hermano/hermana puedes jugar un papel principal en esta batalla a través de las traducciones. Las traducciones son importantes por varias razones, de las más importantes es la de diseminar la verdad así como los sucesos que tienen lugar en la tierras de los musulmanes"[90]

---

[89] Su autor , el joven estadounidense Samir Khan, experimentaría un radicalización creciente que le llevaría desde el apoyo de la yihad en Internet, a la salida del país y el ingreso en Al Qaeda en la Península Arábiga, desde donde pondría en marcha junto al predicador Anwar Al Awlaki la famosa revista en inglés *Inspire*. Ambos morirían en septiembre de 2011 en un ataque llevado a cabo por un avión no tripulado norteamericano en Yemen.

[90] Samir Khan. "A Call to GIMF, Al-Ansar Media Battalion, al-Firdaws, at-Tibyan, Dar al Murabiteen & all other English Translators", *The Ignored Puzzle Pieces of Knowledge*, August 18, 2008. http://revolution.muslimpad.com/2008/08/18/a-call-to-gimf-al-ansar-m

El primer ejemplo de una grupo terrorista que elaboró por sí misma traducciones al español de sus mensajes ha sido el Ejército Islámico de Irak. Sin embargo, no es en sentido estricto una organización de naturaleza yihadista. Inicialmente, estuvo conformada como un grupo insurgente nacionalista a partir de miembros de los servicios de inteligencia y el ejército del régimen de Sadam Hussein. Sin embargo, con el tiempo fue imbuyéndose de la retórica islamista proveniente de otros grupos que operaban en este país. El discurso religioso de resistencia al invasor poseía un mayor poder legitimador que la lucha por restablecer el antiguo régimen o sus privilegios particulares. El grupo se caracterizó por una sólida actividad propagandística dirigida hacia Occidente, para lo cual emplearon múltiples idiomas y un estilo narrativo muy cercano a los gustos y preferencias del público europeo y estadounidense. Una de sus producciones más exitosas fue los videos procedentes de Juba "el francotirador de Bagdad", los cuales pretendían presentar imágenes de las acciones de un supuesto francotirador que había sembrado el terror entre las tropas extranjeras al abatir a decenas de enemigos utilizando solamente su fusil de precisión. El Ejército Islámico de Irak creó a principios de 2008 una página web donde podían descargarse videos y materiales relacionados con Juba. La web contaba también con versiones en otros ocho idiomas, entre ellos, el español[91].

En general la aparición de traducciones al español ha sido caótica. Estos materiales normalmente han sido fruto de iniciativas personales sin conexión con organizaciones. Los autores de esos trabajos no han

---

[91] http://www.baghdadsniper.net/es/index.htm [Accedido el 21 de febrero de 2013]

abordado de manera sistemática ningún grupo o tema, difundiendo sus trabajos sin regularidad. En algunos casos, las traducción al español ha formado parte de un empeño conjunto de los usuarios de los foros radicales de Internet por lograr un mayor alcance de las propaganda yihadista entre una audiencia no musulmana. Es, por ejemplo, lo sucedido con el "Mensaje a los Pueblos Europeos" difundido en árabe por Osama Bin Laden en noviembre de 2007, y que sería traducido[92] por estos usuarios en inglés, francés, italiano, alemán, turco y español. No obstante, lo habitual ha sido que la selección de las propaganda traducida al castellano no tuviese un criterio estable, siendo posible encontrar temas tan diversos como reivindicaciones de la ejecución de rehenes por parte de Al Qaeda en el Magreb Islámico[93], instrucciones para participar en el encuentro abierto en Internet con el predicador salafista Abu Muhamad Al Maqdisi[94], o el comunicado de AQIM donde se confirmaba la liberación de la española Alicia Gámez secuestrada en Mauritania[95].

El 28 de junio de 2013 Al Qaeda en el Magreb Islámico emitió un comunicado escrito de temática íntegramente española. Bajo el título

[92] www.al-ekhlaas.net/forum/showthread.php?t=103192 [Accedido el 40/04/2008]

[93] Al Qaeda en el Magreb Islámico. "Declaración relativa a la ejecución del rehén británico Edwen Dyer" http://www.shmo5alislam.net/vb/showthread.php?t=39116 [Accedido el 02/06/2009]

[94] "En Linea: Encuentro abierto con Cheikh Abu Muhammad Al- Maqdisi (Dios lo Bendiga)". http://124.217.251.60/~shamikh/vb/showthread.php?t=44959 [Accedido el 31/10/2009]

[95] Al Qaeda en el Magreb Islámico. "Dejar en libertad a la española Alicia Gamez después de su conversión al Islam". http://www.atahadi.com/vb/showthread.php?t=14866 [Accedido el 21/03/2010]

"Ceuta y Melilla: los "tribunales de la Inquisición" se erigen en contra de los musulmanes"[96], se abordaba la reciente detención en Ceuta de una célula dedicada al envío de voluntarios a combatir la yihad en Siria:

> "nos viene a la cabeza el doloroso episodio de los tribunales de la inquisición y recuerda a los musulmanes la ocupación de esta ciudad y el sometimiento de estos a su soberanía, donde hay apresamientos, interrogatorios, torturas y encarcelamientos sin control ni vigilancia (…)".

No era la primera ocasión que este grupo norteafricano centraba su atención en España, pero sí la primera que adjuntaba una traducción al español de sus mensajes en árabe. Los planes de este grupo por alcanzar a la audiencia hispanohablante escalaron un nuevo nivel cuando dos meses después AQMI difundió a través de su *blog* y cuenta de *Twitter* un nuevo comunicado, cuya única versión disponible había sido elaborada en un perfecto castellano[97]. El mensaje venía firmado por un colaborador externo (del cual hablaré más adelante) y contenía una serie de amenazas contra el gobierno autonómico de Cataluña, a raíz de la información publicada en prensa[98] sobre los planes de la policía catalana de recabar

---

[96] https://twitter.com/Andalus_Media/status/350676272134889472 [Accedido el 02/09/2013]

[97] Karim Al-Maghribi. "Los gestos nazis del gobiernos catalán", *Africa Muslima*, 28/8/2013. http://www.gulfup.com/?Kecepn [Accedido el 02/09/2013]

[98] EL HUFFINGTON POST. "Los Mossos d'Esquadra recabarán datos de las mujeres que usan burka en Cataluña", *El Huffington Post*, 28/08/2013. http://www.huffingtonpost.es/2013/08/28/mossos-burka_n_3827086.html

información sobre las mujeres que usaban burka o niqab: "Tenemos el deber moral de advertir a este pseudogobierno que cualquier acción que tome contra las mujeres musulmanas será respondida tanto fuera como dentro de Cataluña".

Falsos blogs y páginas estáticas

El español también se ha utilizado para crear páginas webs destinadas a lograr una mayor difusión del mensaje yihadista. Habitualmente se ha tratado de *sites* con un pobre diseño gráfico y una deficiente organización de sus contenidos. La creación de estos espacios exige un mínimo de conocimientos de programación, o al menos estar familiarizado con el funcionamiento de algunos de los lenguajes informáticos de diseño web.

Esta barrera de acceso, ha propiciado que los radicales recurriesen a los blogs como una alternativa más sencilla y rápida. Estos se conciben como una especie de diario personal abierto a toda la comunidad de internautas, donde se abre incluso la posibilidad de que los lectores pueden interactuar, respondiendo con nuevos mensajes de acceso público. Este tipo de servicios han sido ofrecidos gratuitamente por empresas que sólo exigen cumplimentar un sencillo procedimiento online que permitía al interesado crear y personalizar su propio blog. Se trata de una opción atractiva para aquellos que desean crear de manera instantánea un nuevo espacio de apoyo al terrorismo. La mayoría de estos usuarios no han estado interesados tanto en la posibilidad de publicar sus reflexiones e iniciar un dialogo con sus lectores, sino principalmente en replicar y facilitar el acceso a la propaganda elaborada por las organizaciones terroristas y sus ideólogos.

Sólo un puñado de páginas webs tradicionales y sus sucedáneos en forma de blogs, han utilizado el español como idioma principal para difundir mensajes de apoyo y defensa del terrorismo yihadista. Este tipo de espacios han tenido una gran dificultad para concitar la atención de la comunidad radical en Internet, debido a la dificultad de resaltar su presencia dentro de la inmensidad de contenidos del ciberespacio, pero sobre todo por la gran oferta de contenidos radicales de mayor calidad disponibles en la red.

Su creación obedecía a impulsos personales que se iban atenuando con el tiempo, lo que hacía que sus contenidos se actualizasen de manera muy irregular, restándoles interés como un destino habitual de los internautas radicales. De igual manera, el alojamiento gratuito normalmente implica la servidumbre de incluir algún tipo de publicidad comercial, lo que provocaba una incoherencia con sus mensajes de lucha y boicot contra Occidente.

Aunque el interés de este tipo de creaciones residía en la disponibilidad de sus contenidos en otro idioma, habitualmente estas páginas han alternado sus contenidos en español con otros en árabe. Un ejemplo de esta formato mixto página web/blog y español/árabe lo podemos encontrar en una página creada a finales de 2009 llamada *Islam en Melilla*[99], la cual a pesar de

---

[99] http://islammelilla.blogspot.com [Accedido el 24/06/2010]

lo que sugería su título, era un espacio dedicado a replicar contenidos inequívocamente terroristas.

Por qué los foros de Internet

Las organizaciones yihadistas han ido abandonando progresivamente su pretensión de mantener un *site* "oficial" que sirviese de punto de encuentro entre el grupo y sus seguidores. Los incesantes ciber-ataques sufridos por estas páginas llevaron a sus responsables a adoptar una estrategia alternativa consistente en una presencia en Internet aparentemente más horizontal y difusa. Los foros de Internet se convirtieron en el principal producto de esta nueva etapa donde las organizaciones terroristas se adaptaron a la llamada filosofía *Web 2.0*: una nueva generación de portales basados en comunidades sociales virtuales y en una gama de servicios que fomentan la colaboración y el intercambio ágil de información entre los usuarios. Los internautas radicales abandonaron el perfil de consumidores pasivo de los materiales accesibles a través de la red (Web 1.0), y se involucra en una comunidad online que les permitía también convertirse en productores de contendidos.

El diseño y administración de un foro es notablemente más sencillo que el de una página web convencional. La mayoría de ellos están basados en aplicaciones comerciales que no requieren poseer conocimientos de programación. El usuario se limita a cumplimentar los campos en blanco para dar contenido a una estructura cuyo diseño y funciones básicas se encuentran pre-fijadas. Este *software* ofrece algunas opciones de personalización, especialmente en el apartado gráfico, sin embargo, la arquitectura de la plataforma es rígida, lo que explica la enorme semejanza en la organización, funcionamiento e incluso apariencia gráfica de los diferentes foros que existen hoy día en Internet.

Los foros han sido un instrumento clave para reforzar la retórica de una yihad que no conoce fronteras. Los usuarios de estas páginas pueden acceder en un mismo espacio a los materiales remitidos por grupos que operan en escenarios tan dispares como Filipinas, Chechenia, Pakistán, Indonesia, Argelia, etc. La unificación de toda esa propaganda dentro de un mismo lugar transmite a sus seguidores la percepción de que la acción de los diferentes grupos forma parte de un mismo enfrentamiento en defensa del Islam, más allá de las divisiones nacionales.

Al mismo tiempo, han sido un instrumento clave para fomentar el sentimiento de pertenencia a una misma comunidad. Los foros se han convertido en un espacio de encuentro e interacción virtual entre personas que comparten unas mismas creencias. Los partidarios del yihadismo deben enfrentarse en ocasiones a la desagradable percepción de que sus ideas extremas son minoritarias en su círculo social más inmediato, o directamente son repudiadas por todas las personas que le rodean. Sin embargo, los foros permiten compensar ese aislamiento al conectar al individuo con miles de internautas de todo el mundo que comparten un mismo conjunto de creencias y actitudes. Esta función de socialización virtual ha cobrado cada vez más importancia a medida que las redes terroristas perdían visibilidad en el ámbito físico debido al incremento de la represión policial y judicial tras el 11-S.

Los *foreros* cultivan su reputación como partidarios de la yihad a través de sus actividades virtuales. La cantidad y calidad de sus aportaciones constituye un importante indicador para facilitar la labor de reclutamiento de los grupos terroristas y de aquellos individuos interesados en crear redes operativas. Los foros facilitan la creación de vínculos entre individuos aislados que carecen de conocimiento personal, al ofrecerles instrumentos para la comunicación privada a través de chats, post de acceso restringido o conversaciones telefónicas a través de Internet. Estas interacciones pueden ser el germen del contacto físico entre sus protagonistas.

A pesar de tratarse de un tipo de página cuya creación se encuentra al alcance de cualquier internauta, la realidad es que el universo de los foros de inspiración yihadista se encuentra claramente jerarquizado. En la cabeza de la pirámide se encuentra un reducido grupo que se diferencia del resto por recibir materiales remitidos directamente por las organizaciones que llevan a cabo acciones terroristas y por ideólogos de reconocido prestigio. Esto los convierte en puntos de referencia para el resto de páginas, los cuales se dedican a replicar los contenidos que aparecieron originariamente en las páginas de primer nivel. Los vínculos de colaboración con organizaciones terroristas se han convertido en una causa suficiente para explicar el éxito o fracaso de estas plataformas. Los foros que han recibido este "patrocinio", son capaces de atraer a muchos más internautas que el resto, ya que acreditan una credibilidad de la que carece el resto de alternativas en Internet.

Los foros que no distribuyen en primicia propaganda, tienen una gran dificultad para ofrecer un "producto" diferenciado que atraiga a los internautas radicales. Estas páginas, a pesar de alojar grandes cantidades de materiales procedentes de otras páginas, no son capaces de sobrepasar el umbral mínimo de usuarios que haría posible un círculo virtuoso.

El volumen de los que siguen de manera asidua los foros de contenido yihadista ha sido estimado por el servicio de inteligencia holandés en unos 25.000 individuos ubicados en un centenar de países[100]. Estos sujetos generalmente participan de manera simultánea en diferentes foros, utilizando para ello múltiples *nicknames* por cuestiones de seguridad y anonimato.

La población de los foros se encuentra jerarquizada en tres estratos con funciones claramente delimitadas:

a) *Administradores*: Esta condición la ostenta un reducido número de activistas situados en la cúspide de la plataforma. Sólo ellos tienen conocimiento de las claves de acceso a la gestión del foro. Los

---

[100] GENERAL INTELLIGENCE AND SECURITY SERVICE (AIVD) (2012). *Jihadism on the Web. A breeding ground for Jihad in the modern age.* Den Haag: Ministry of Interior and Kingdom Relations. Disponible en: https://www.aivd.nl/publish/pages/2402/het_jihadistisch_internet_eng.pdf

privilegios de administrador permiten tener acceso a todas las funcionalidades que ofrecen las plataformas virtuales: establecer el diseño general de foro, gestionar el contenido, admitir o rechazar participantes, conocer el perfil de los usuarios y sus hábitos de navegación, etc. En definitiva, un conjunto de funcionalidades que les otorga una posición ventajosa a la hora de llevar a cabo labores de reclutamiento online.

b) *Moderadores.* Se trata igualmente de un grupo reducido, aunque su tamaño es sensiblemente mayor al de los administradores. Su función es la de vigilar el cumplimiento de las normas de uso del foro, velando por la coherencia ideológica de los textos y materiales que se cuelgan en dichas páginas. Estos usuarios tienen la capacidad de eliminar los contenidos que se consideran contraproducentes u hostiles al mensaje oficial. Dicha categoría es otorgada por los administradores entre los usuarios más destacados del foro. Supone, por tanto, escalar un grado dentro de la estructura del foro.

c) *Usuarios.* Son la gran base de los participantes del foro. Una vez registrados en el mismo, y admitidos por los administradores, adquieren la capacidad de poder visitar sus contenidos y participar en los mismos publicando *posts,* respondiendo públicamente a otros usuarios, e incluso contactando con ellos a través de mensajes privados, chats o llamadas de teléfono vía Internet.

El nivel de actividad de los miembros y sus interacciones son cuantificados por la propia plataforma, algo que permite establecer un sistema numérico de ascensos y distinciones basados en el nivel de actividad y la calidad de las participaciones. La información del perfil de cada usuario se acompaña de un contador con el número de temas y post que ha publicado, cuantas veces ha pulsado la pestaña que envía automáticamente un agradecimiento al autor de un mensaje, o cuantos agradecimientos han recibido sus aportaciones por parte de otros usuarios. Este sistema persigue generar un proceso llamado "gamification"[101], un término usado para describir la utilización de los atributos de una actividad lúdica en actividades que no constituyen juegos. Los creadores de estas páginas introducen un importante elemento de competencia que hace posible una mayor implicación de sus participantes. A través del incremento en sus registros de actividad, los usuarios obtienen "recompensas" que repercuten en su autoestima, o en la utilidad que obtienen del foro. Así, por ejemplo, alcanzar un determinado nivel permite asociar el nombre de usuario a "grados"[102] que evidencian públicamente su reputación y compromiso: corresponsal senior, guerrero, mártir, emir, jeque, etc. Otro tipo de recompensas puede ser la posibilidad de utilizar un avatar exclusivo o

---

[101] BRACHMAN, JARRET, and LEVINE, ALIX (2011). "The World of Holy Warcraft. How al Qaeda is using online game theory to recruit the masses". *Foreign Policy*, April 13. Disponible en:
http://www.foreignpolicy.com/articles/2011/04/13/the_world_of_holy_warcraft

[102] Estas son, por ejemplo, las categorías y sus requisitos, del foro *Shurnukh al-Islam* ("La gloria del Islam"):
- Nuevos miembros: 0- 100 posts.
- Miembros activos y miembros incitadores: 100-1000 post.
- Miembros especiales: hasta los 3000 post.
- Miembros de oros: más de 3000 posts.

algún tipo de animación gráfica que resalte sus participaciones sobre la del resto de usuarios. El ascenso dentro del escalafón también permite desbloquear contenidos del foro que se encuentran reservados a los miembros que han acreditado una mayor credibilidad y compromiso. La recompensa más habitual suele ser el acceso a los subdirectorios restringidos que alojan la información más sensible como instrucciones para la elaboración de explosivos, uso de armamento, manuales y software para llevar a cabo ciber-delitos, etc.

Este sistema automático de promoción genera, no obstante, efectos contraproducentes. La mayoría de los post que aparecen en estas páginas buscan conseguir para sus autores un ascenso rápido y sin esfuerzo a través de la jerarquía del foro, de ahí que adopten la forma de comentarios con escaso o nulo valor, como breves agradecimientos, expresiones ceremoniales, de júbilo, ánimo o piedad. En otros casos, son contendidos plagiados de otros foros, lo cuales no contribuyen a enriquecer el discurso yihadista[103]. Esta circunstancia explica por qué la obtención de las principales "recompensas", como es la designación como moderador o administrador, no se pueden obtener de manera automática. Los responsables de la página son los únicos habilitados para reclutar a los usuarios que desempeñaran los puestos críticos que hacen posible el correcto funcionamiento de la plataforma.

---

[103] JIHADI WEBSITES MONITORING GROUP (JWMG). 2012. *In the Depths of Jihadist Web Forums: Understanding a Key Component of the Propaganda of Jihad*. Herzliya: International Institute for Counter-Terrorism (ICT). Disponible en: http://www.ict.org.il/LinkClick.aspx?fileticket=w8IXa95zve0%3D&tabid=320

A pesar de que los foros abren la posibilidad de que sus seguidores se convierten en productores de contenidos, la realidad es que la inmensa mayoría de los que merodean por estos espacios podrían catalogarse como "consumidores pasivos" u "observadores silenciosos"[104], los cuales se limitan a navegar por sus páginas, sin realizar ninguna aportación. Al igual que sucede con otros foros de Internet de naturaleza lícita, solo un pequeño grupo de los usuarios participan de manera activa y constante[105]. El tamaño medio de la población activa se sitúa en un 11%[106] del total de los usuarios, lo que respalda la llamada regla 90-9-1 de participación desigual en las comunidades *online*[107]: el 1% de los miembros son responsables de 90% de los contenidos, otro 9% son autores del 10% restantes, y el 90% de los visitantes se limitan a leer los contenidos, sin aportar nada a la comunidad.

---

[104] KOHLMANN, EVAN (2010). "A Beacon for Extremists: The Ansar al-Mujahideen Web Forum", *CTC Sentinel*, Vol. 13, Nº 2, pp. 1-4. http://www.ctc.usma.edu/wp-content/uploads/2010/08/CTCSentinel-Vol3Iss2-art1.pdf

[105] DUCOL, BENJAMIN (2012). "Uncovering the French-speaking jihadisphere: An exploratory analysis", *Media, War & Conflict,* Vol. 5 Nº 1, pp. 51-70; AWAN, AKIL N. (2007). "Radicalization on the internet? The virtual propagation of jihadist media and its effects", *RUSI Journal,* Vol. 152 Nº 3, pp. 76–81.

[106] TORRES SORIANO, MANUEL R. (2013). "The dynamics of the creation, evolution and disappearance of terrorist Internet forums", *International Journal of Conflict and Violence*, Vol. 7 Nº 1.

[107] KIMMAGE, DANIEL. (2009). "Al-Qaeda Central and the Internet", *Counterterrorism Strategy Initiative Policy Paper.* http://counterterrorism.newamerica.net/publications/policy/al_qaeda_central_and_the_internet

Aunque el número de usuarios que participa de manera intensiva en estos foros es reducido, no todos ellos pueden catalogarse como verdaderos "productores": aquellos que por sus conocimientos o experiencia son capaces de aportar información relevante sobre cuestiones doctrinales y estratégicas, información técnica u orientaciones operativas. Dentro de esta élite, habría que incluir a los que actúan como "corresponsales" desde alguna zona de conflicto donde operan abiertamente las organizaciones yihadistas. Los contenidos donde se describe la vida y experiencia de los muyahidín son especialmente apreciados por los usuarios de estas páginas. Algunos de estos autores se incorporan a las organizaciones terroristas tras haberse labrado un amplio historial como ciber-activistas, lo que les otorga un estatus de icono para estas comunidades virtuales[108]. Uno de los ejemplos más destacados es el del doctor jordano Hammam Khalil Abu Malal al-Balawi, el cual fue un prolífico autor y moderador de estas páginas, hasta que llevó a cabo un atentado suicida, matando a siete empleados y contratistas de la CIA y un agente de la inteligencia jordana, en una base afgana de Khost el 30 de diciembre de 2009[109].

---

[108] Es el caso del ciber-yihadista jordano apodado en Internet Abu Kandahar Al Zarqawi. Tras actuar como administrador y moderador de los foros Al Ekhlaas y Al Fallujah, se unió a Al Qaeda en la región fronteriza entre Afganistán y Pakistán. Desde allí siguió participando en estas páginas, colgando relatos y semblanzas sobre sus compañeros abatidos. Los mismos foros donde participó terminarían anunciando su muerte en diciembre de 2010. FLADE, FLORIAN (2010). "Death of an Online-Jihadi – From Cyberspace to Battlefield". *Jih@d. News Of Terrorism, Jihadism & International Politics*, December, 21. http://ojihad.wordpress.com/2010/12/21/death-of-a-online-jihadi-from-cyberspace-to-battlefield/

[109] WARRICK, JOBY (2011). *The Triple Agent: The al-Qaeda Mole who Infiltrated the CIA*. New York: Doubleday.

Agitando el ciber-gallinero

La aparición de contenidos en español ha sido una excepción dentro del selecto grupo de foros que lideran la presencia terrorista en Internet. Los administradores y usuarios de estas páginas no han sentido la necesidad de emplear esta lengua como un instrumento de comunicación. Los escasos post que sí lo han hecho eran generalmente traducciones de contenidos publicados originalmente en árabe, y se ubicaban en los apartados para lenguas extranjeras habilitados en estas páginas.

Sin embargo, existe una destacada excepción. En agosto de 2010 se crea por primera vez un subdirectorio dedicado exclusivamente a materiales en español. Esta aparición tuvo lugar en *Atahadi*, un foro yihadista de primer nivel, lo cual suponía una diferencia cualitativa, puesto que la capacidad para introducir esta modificación sólo está al alcance de los administradores de la página, no en los usuarios de base.

Aunque desconocemos las causas que propiciaron esta iniciativa, es posible especular a partir del nivel y la escasa actividad que tendría el subdirectorio en español de *Atahadi*[110]. Las escasas actualizaciones tuvieron el sesgo personal de un misterioso usuario apodado Karim Al Magribi, el cual se convirtió en el principal autor de los materiales en español hasta la desaparición definitiva de este foro.

Karim, que ya era un usuario con un amplio bagaje de publicaciones en los directorios en árabe, empezó a conceder más importancia al español a partir de la creación de este subdirectorio. En un correcto castellano,

---

[110] http://www.atahadi.com/vb/

publicó más de una decena de post sobre los más diversos temas. El contenido inaugural consistió en una réplica a un artículo escrito por un militar español retirado sobre el presente y futuro de Al Qaeda[111]. En su mensaje, Karim mostraba un tono arrogante, ridiculizando la supuesta ausencia de conocimientos de los autores occidentales que abordan el fenómeno del terrorismo yihadista. Los ataques verbales de Karim serían aplaudidos por algunos usuarios, como "Rebel" cuya procedencia quedaba delatada por el uso de un español coloquial que incluía faltas de ortografía, símiles futbolísticos y "emoticonos":

> "Has hecho bien en quitarles el careto, mira hermano, yo en mi vida y es larga sabes… he visto un pueblo que abarque tanta falsedad y miseria como esta gente (…) Alli (sic) si les has metido un golazo con la ultima (sic) pregunta planteada :("[112]

Las críticas satíricas sería un tema recurrente en los mensajes de Karim Al Magribi, el cual demostraba una permanente obsesión sobre lo que se publicaba en los medios de comunicación españoles sobre yihadismo.

De manera paralela al despliegue de este apartado en castellano, España empezó a cobrar un mayor protagonismo en los contenidos elaborados en árabe. Un usuario creó el tema de conversación denominado "La invasión

---

[111] Véase: MONITORIZACIÓN DEL YIHADISMO Y SALAFISMO (MYM), n° 14, 30 de junio de 2012. (requiere suscripción)
[112] Usuario "Rebel"(27/8/2010)

de Al Andalus"[113], en el cual proponía atacar España tomando como objetivo una serie de instalaciones nucleares, de las cuales proporcionaba fotografías vía satélite. Esta propuesta originó una verdadera "tormenta de ideas" donde se proponían objetivos alternativos y se reflexionaba sobre las ventajas e inconvenientes de cada opción. Así, por ejemplo, un usuario apodado *Amin Al Qaeda*[114] señalaba el sistema de Metro de Barcelona como objetivo, detallando que la estación "Villa Olímpico" (sic) era la más importante al estar situada debajo del zoo, lo que permitiría alcanzar a una importante cantidad de gente durante los días de mayor afluencia a las instalaciones. Otros usuarios, debido a su implicación religiosa, aconsejaban un ataque inminente, para hacerlo coincidir con la celebración de "la Mercé". Para ello recomendaban usar una pequeña caja de explosivos situados en mitad de "La Rambla" de Barcelona, lo que permitiría alcanzar a "varios miles" debido a que durante esas fechas esta avenida se encuentra repleta de visitantes.

El repunte de la agresividad contra España en este foro coincidió en el tiempo con la detención en Alicante en agosto de 2010 de Faisal Errai, un destacado administrador de los foros yihadistas de Internet[115]. Un usuario apodado *North Leith* publicaba el 1 de septiembre un texto en árabe titulado "Carta al Cruzado Reino de España" repleto de amenazas:

---

[113] Puede consultarse una traducción parcial al inglés de estos mensajes en: ICT's JIHADI WEBSITES MONITORING GROUP (2010). "Periodical Review September 2010", No. 2, October 2010. (requiere suscripción)

[114] RAMOS RIOJA, ISABEL (2010). "Un foro yihadista propone atentar en Barcelona el 24 de septiembre", *La Vanguardia*, 9 de septiembre.

[115] Véase: Capítulo 6.

"A vosotros, cerdos, levantad vuestras sucias manos de encima de nuestros hermanos y dejad de arrestar, detener, y entregar los unificadores a vuestros esclavos con el fin de ser torturados" (…) El 11/03/2004 los descendientes de Tariq Ibn Ziyad os dieron una lección. Pero parece que habéis olvidado la lección, y si es menester repetirla se repetirá (…)"[116]

Karim Al Magribi tradujo inmediatamente el texto original y colgó su versión en español en el nuevo subdirectorio. La detención en España del administrador del foro Ansar al-Muyahidin enojó especialmente a este usuario. Cuando los responsables de esta página colgaron un mensaje informando a sus seguidores que su seguridad no se había visto comprometida a pesar del apresamiento de uno de sus responsables, este respondió al post afirmando en árabe:

"nuestra gente en España está siguiendo con lupa el proceso de detención y traslado hasta Madrid y su estancia en la Audiencia Nacional. Sabemos cómo torturáis en sus sótanos…y os advierto de que en caso de darle un trato inhumano a nuestro hermano, estaréis abriendo las puertas

---

[116] http://www.atahadi.com/vb/showthread.php?p=117509 [Accedido el 03/09/2010]

del infierno a España (…) el riesgo de un golpe muy fuerte dentro de vuestro país sería inminente"[117].

Karim decidió dar aún más solemnidad a estas amenazas y escribió en árabe un post titulado "Un llamamiento a los leones de la yihad mediática cautivos en las prisiones de los no creyentes"[118]. Curiosamente, uno de los usuarios que agradecieron su mensaje, era un internauta apodado "Sami Sami", el mismo apodo utilizado por el saudí que sería detenido tiempo después en Valencia por su incesante labor como moderador de foros yihadistas[119].

Karim siguió publicando en el subdirectorio en español entradas sobre temas tan dispares como sus reflexiones sobre un artículo publicado por el político de Izquierda Unida Antonio Romero sobre la guerra de Afganistán[120], o la conversión al Islam del padre del andalucismo Blas Infante[121].

---

[117] http://www.as-ansar.com/vb/archive/index.php/t-27892.html [Accedido el 14/02/2013]

[118] Aparecido originalmente el 07/09/2010. Reproducido en: http://as-ansar.com/vb/showthread.php?p=121355

[119] Véase el epígrafe "El Bibliotecario de Al Qaeda" dentro del capítulo 6.

[120] "España está inmersa en Afganistán en un inmenso GAL que hace la guerra sucia contra el terrorismo", http://www.atahadi.com/vb/showthread.php?p=119345#post119345 [Accedido el 05/09/2010]

[121] http://www.atahadi.com/vb/showthread.php?p=132880#post1328801de722/09/201018;49%02%03%04%03%05%06%07%03%08%04%0B%0C%03%04%0B::4%05%1C%1B//%1E [Accedido el 22/09/2010]

En sus escritos también se hacía eco del impacto de sus mensajes en la prensa española[122], una notoriedad que le llevó a publicar nuevos post donde se dirigía directamente a la ministra de Defensa Carmen Chacón[123], a la cual culpaba de haber ordenado un ciber-ataque fallido contra el foro: "¿Cree usted que está a salvo descansando y dando paseos en la azotea del Ministerio de Defensa en Madrid?". Otro post bajo el título: "Señora Carma Chacon; diría usted que estos niños tienen el mismo bronceado que su hijo Miquel?"[124], incluía numerosas fotos de fetos y niños con deformidades presumiblemente originadas por la guerra de Irak, acompañados de nuevas amenazas: "Así será en vuestras ciudades, vais a vivir el miedo, vais a sentiros acosados, perdidos, y creedme si os digo, que será pronto con la voluntad de Allah, correrá la sangre en vuestras ciudades hasta que nuestros muertos y mutilados sean saciados."

A finales de septiembre de 2010, el foro Atahadi sufriría una caída que le dejaría fuera de la red hasta su reaparición en enero de 2011. En esta nueva fase la figura de Karim al Magribi ganó visibilidad como uno de los responsables de la página.

---

[122] http://www.atahadi.com/vb/showthread.php?t=27333 [Accedido el 07/09/2010]

[123] "Señora Carma Chacon, tus cachorros hicieron el ridículo ayer 17/09/2010", http://www.atahadi.com/vb/showthread.php?p=130966#post130966 [Accedido el 18/09/2010]

[124] http://www.atahadi.com/vb/showthread.php?t=28164 [Accedido el 22/09/2010].

Atahadi publicó un comunicado donde anunciaba su regreso. El mensaje fue traducido al español[125] por Karim, y su trabajo resaltado con un banner dinámico al inicio de la página, lo que reflejaba que las contribuciones de este usuario no eran tratadas como las del resto de participantes. En el comunicado oficial, se reconocía que "se habían perdido los archivos publicados en los últimos cinco meses", aunque se afirmaba que:

> "La continuidad de la red Atahadi significa pues la consolidación en la emisión de la información de la Jihad y los muyahidines dirigida tanto a los creyentes como a los infieles, el desmantelamiento de la mentira y la lucha contra la desinformación, la falsificación de los hechos y el engaño".

Se trataba de una justificación que daba sentido a la existencia de subdirectorios en idiomas occidentales como estrategia para alcanzar a la audiencia enemiga.

A partir de ese momento, las aportaciones de Karim al Magribi empezaron a espaciarse en el tiempo, y tomaron como uno de sus temas preferentes la supuesta manipulación anti-islámica de los medios de comunicación españoles y los "expertos" que en ellos participaban. Una de sus principales aportaciones durante esta nueva etapa en Atahadi fue la publicación de un comunicado de abril de 2011, que también sería resaltado por un banner, con el título: "La Red Desafío Islámico Atahadi desenmascara un proyecto terrorista que tiene como objetivo atacar las dos ciudades colonizadas de

---

[125] http://www.atahadi.com/vb/showthread.php?p=64431 [Accedido el 05/01/2011]

Ceuta y Melilla.". En el texto se trataba de explicar cómo los servicios de inteligencia españoles y marroquíes habían planeado de manera conjunta un atentado durante la Semana Santa en ambas ciudades. El propósito de este complot, según el autor, era culpar a los salafistas marroquíes, para desviar así la atención de la opinión pública española y marroquí sobre los graves problemas económicos que asolaban al primero, y para reforzar la estabilidad de la monarquía alauita.

El foro yihadista Atahadi desapareció definitivamente en enero de 2012. No obstante, Karim Al Magribi, ni renunció a su apodo, ni a continuar con su activismo pro-yihadista en Internet a través de nuevos post en otros foros como Al Ansar[126], o a través de nuevas traducciones al español, distribuidas a través de repositorios digitales como *Internet Archive*[127]. En esta fase, su acción más visible sería la creación en febrero de 2012 de un perfil en *Twitter*[128]. Su actividad en esta red social ha sido incesante[129], colgando enlaces a materiales yihadistas y comentando noticias de actualidad, para lo cual ha utilizado de manera indistinta el árabe, el español, inglés y francés. Karim también aprovechó esta plataforma para "trolear"[130] a aquellos investigadores (entre ellos el que esto escribe) o

---

[126] www.as-ansar.com/vb

[127] http://archive.org/index.php
[128] @Red_Alfidaa

[129] En enero de 2014, Karim había publicado más de 9300 *tweets*, y su cuenta era seguida por más de 2900 seguidores de todo el mundo, siendo mayoritarios los provenientes de países del Golfo Pérsico. Véase: http://es.twtrland.com/profile/red_alfidaa

[130] Se denomina así a la actividad de una persona que publica mensajes provocativos, irrelevantes o fuera de tema en una comunidad virtual o red social, con la principal intención de provocar o molestar, buscando una respuesta emocional en los destinatarios.

periodistas que tenían perfil en esta red social, y que según su criterio, eran unos completos ignorantes sobre el fenómeno del yihadismo, o actuaban movidos por intereses inconfesables.

El perfil de Karim como activista de la yihad en Internet ha seguido ganando relevancia con el tiempo. Elaboró traducciones al español (cuidadosamente editadas) de algunos de los principales materiales propagandísticos producidos por grupos como Al Qaeda en la Península Arábica[131]. Este tipo de contribuciones fueron otorgándole una reputación de compromiso y una credibilidad que se vería recompensada cuando el grupo terrorista Al Qaeda en el Magreb Islámico decidió abrir a sus escritos las puertas de su blog oficial *Africa Muslima*. El 28 de agosto de 2013 publicó un texto en español titulado: "Los gestos nazis del gobiernos catalán", donde se despachaba contra el ejecutivo autonómico por sus supuestas políticas anti-islámicas: "No estarán a salvo ni vuestras delegaciones del Govern, ni las oficinas de Acció, amén de los ínfimos intereses económicos que os quedan por el mundo"[132]

---

[131] Obra de Karim son entre otras las traducciones de las siguientes producciones de AQAP:
- "Expectativas completas" (julio de 2012).
  https://archive.org/details/ExpectativasCompletas
- "Un recuerdo de Osama" (agosto de 2012). Véase: www.as-ansar.com/vb/showthread.php?t=68900
- "Fabrica una bomba en la cocina de tu madre (agosto 2013):
  https://twitter.com/Africamuslima

[132] Aparecido originalmente en: http://www.gulfup.com/?Kecepn. Puede consultarse una copia: http://media.e-noticies.com/ext/20130829/los-gestos-nazis-del-gobierno-catalan.pdf

Aunque desconocemos los términos de la colaboración entre Karim y el grupo yihadista magrebí, esta contribución es coherente con la nueva estrategia propagandística de esta organización que no sólo ha buscado incrementar la frecuencia de sus mensajes, sino también su alcance, dando cabida a comunicados elaborados en otros idiomas distintos al árabe y el francés. Dos meses antes de la publicación de las amenazas de Karim contra el gobierno de Cataluña, AQMI ya había traducido por sí misma y difundido a través de su cuenta de *Twitter* un comunicado titulado "Ceuta y Melilla: los "tribunales de la Inquisición" se erigen en contra de los musulmanes"[133], elaborado a raíz de la detención en Ceuta de varios implicados en el envío de voluntarios a combatir la yihad en Siria. No resulta descabellado pensar que Karim fuese el autor de la traducción, y que posteriormente fuese recompensado permitiéndole publicar en el blog del grupo con su propio pseudónimo. Esta presunta colaboración también es coherente con el creciente interés de la propaganda de AQMI por determinados sucesos de la actualidad española que difícilmente han podido tener repercusión fuera de las fronteras del país. Así, por ejemplo, en un comunicado titulado "Una nueva lágrima por Al Andalus"[134] el grupo se hacía eco de cómo una mujer musulmana había sido obligada a desprenderse del *niqab* en el aeropuerto de Valencia para ser cacheada por la policía. Karim, previsiblemente desde España, habría podido encargarse

---

[133] Abu Abd al-Ilah Aḥmad al-Jijili. "Ceuta y Melilla: los "tribunales de la Inquisición" se erigen en contra de los musulmanes", AQMI, 28/06/2013. https://twitter.com/Andalus_Media/status/350676272134889472

[134] Abu Ismail Al-Magribi. "Una nueva lágrima por Al Andalus", AQMI, 22/07/2013. https://twitter.com/Africamuslima/status/359423321122684930

de suministrar al grupo con noticias locales que contribuyesen a alimentar los agravios que Al Qaeda utiliza para justificar su violencia.

El Califato no está a un *tweet* de distancia

Las redes sociales tampoco han escapado a la expansión yihadista a través de Internet. La presencia de contenidos radicales ha despertado una gran atención entre los medios de comunicación debido al asombro que provoca que aquellas personas que propugnan la vuelta a un orden pre-moderno, no tengan ningún reparo en utilizar los últimos avances de la sociedad de la información. En los últimos años ha sido posible contemplar como aparecían perfiles de inspiración inequívocamente terrorista en redes tan populares como *Facebook, Twitter, Youtube,* o incluso en la red social basada en la edición de fotografías *Instagram.*

La irrupción de esto contenidos ha sido en su mayoría el resultado de la iniciativa, no tanto de las organizaciones terroristas, sino de sus seguidores y simpatizantes. Los grupos formales generalmente han evitado utilizar las redes sociales debido a sus problemas de seguridad, pero también a sus malas experiencias con la llamada Web 2.0.

Las iniciativas puestas en marcha por grupos como Al Qaeda con el objetivo de interactuar con sus seguidores les dejaron un sabor agridulce[135]. Cuando Ayman Al Zawahiri, por ejemplo, anunció en 2007

---

[135] TORRES SORIANO, MANUEL R (2011) "El papel de Internet en los procesos de abandono y debilitamiento de la violencia terrorista", *Instituto Español de Estudios Estratégicos (IEEE) - Documento de Opinión,* (75/2011), 18 de octubre. http://www.ieee.es/Galerias/fichero/docs_opinion/2011/DIEEEO75-2011InternetDebilitamientoTerrorismoTorresS.pdf

un "encuentro abierto en Internet", donde los internautas podían enviar sus preguntas al líder terrorista a través de los foros yihadistas, no pudo evitar que se colasen un elevado número de preguntas incómodas que cuestionan la legitimidad del grupo, así como sus acciones. Todos los internautas que siguieron esta iniciativa pudieron comprobar que el criterio seguido por el líder terrorista a la hora de responder, era seleccionar sólo las cuestiones sobre las que le interesaba responder, mientras ignoraba aquellas otras sobre las que no deseaba pronunciarse. Al Qaeda no repetiría nunca más un experimento de este tipo. Otras organizaciones o predicadores radicales imitarían este modelo, pero adoptando medidas preventivas, como ocultar al público el contenido de todas las preguntas enviadas para evitar la visibilidad de las voces discrepantes.

La irrupción de la crítica, e incluso de la ridiculización, de la propaganda yihadista tiene una manifestación aún más acusada en otros espacios de Internet donde las organizaciones terroristas ejercen un escaso o nulo control. Uno de los ejemplos más claros lo constituye el popular portal de videos *Youtube*. La aparición en esta página de multitud de grabaciones sobre la realización de atentados, secuestros, ejecuciones o llamamientos a la violencia, ha generado una enorme alarma debido a lo fácil que resulta acceder a estos contenidos. Sin embargo, un aspecto que ha pasado desapercibido es que la filosofía en la que está basada este portal, no sólo permite que un usuario suba de manera instantánea un contenido violento, sino que también hace posible que cualquier internauta pueda escribir su opinión. De esa manera, los videos de Osama Bin Laden y sus seguidores no sólo han sido replicados, visualizados y celebrados miles de veces, sino que también vilipendiados en la misma media. La presencia yihadista en *Youtube*, a pesar de haber dotado a su mensaje de una mayor visibilidad, ha sido un excelente recurso para desmitificar y restar solemnidad a un mensaje radical que ha sido rechazado por una multitud de internautas de todos los credos. Podría afirmarse que cuanto más apuesta el terrorismo yihadista por la Web 2.0, mayor nivel de contestación recibe su discurso.

Esto explica, en buena medida, el desinterés de los grupos yihadistas por adoptar las redes sociales en su estrategia comunicativa. A la necesidad de mantener la ortodoxia de su discurso, se sumaron una serie de razones de seguridad que desaconsejan el uso de estas herramientas.

La utilización de este tipo de aplicaciones supone un importante riesgo para los miembros de las organizaciones terroristas. Las redes sociales más populares son tremendamente invasivas en la privacidad de sus usuarios. Cada vez que abrimos una de estas páginas, el portal aloja en nuestros ordenadores un amplio número de archivos destinados a monitorizar nuestros los hábitos de navegación, preferencias, y datos personales, los cuales son almacenados y analizados de manera sistemática con la intención de explotar comercialmente este inmenso caudal de información. A pesar del compromiso de estas compañías por garantizar la privacidad de sus clientes, lo cierto es que los patrones que continuamente genera el uso de estas páginas, pueden conducir con relativa facilidad a la identificación de la identidad del usuario, o su geo-localización. Las organizaciones yihadistas son conscientes, también, de la existencia de cauces de comunicación, especialmente los informales, entre las empresas propietarias de estos servicios y las agencias gubernamentales dedicadas a la persecución del terrorismo.

La naturaleza social de estas aplicaciones implica, igualmente, un problema de seguridad para los internautas que desean interactuar con los perfiles radicales. Algunas de estas redes, muestran de manera abierta quienes son los seguidores de esos contenidos, o cuáles son sus posturas antes los mismos. Esta característica, supone otra importante vulnerabilidad ya que permite realizar un mapeo de quienes comulgan con la violencia terrorista y cuáles son los vínculos de comunicación que se establecen entre ellos.

La presencia de perfiles radicales en Internet está sometida a una gran volatilidad, debido a que su creación supone la aceptación de las normas de uso fijadas por la empresa prestataria del servicio. Las cláusulas suelen establecer la prohibición del uso del servicio para diseminación de contenidos que realicen una apología de la violencia, de ahí que cuando se produce una infracción, la empresa está legitimidad para suspender unilateralmente la cuenta. Al tratarse de servicios ofrecidos por empresas mayoritariamente estadounidenses o europeas, la suspensión se produce de manera mucho más ágil y rápida, que cuando se trata de desconectar páginas webs cuyos servidores están ubicados en países que ignoran los requerimientos judiciales provenientes de otros países.

No obstante, la amenaza de desconexión no ha afectado excesivamente a los perfiles yihadistas "no oficiales", debido a que estas cuentas han pasado mucho más inadvertidas, no sólo por su elevado número, sino también por su escasa relevancia o seguimiento. En su mayoría se han dedicado a replicar los contenidos radicales aparecidos en otros lugares, siendo muy escasa la "huella" de la persona que se esconde tras el perfil. Es todo lo opuesto a lo que sucede con el reducido número de "cuentas oficiales", que difícilmente puede pasar inadvertida para los encargados de expulsar los contenidos radicales de Internet.

A pesar de esta retahíla de potenciales peligros, los radicales no han podido evitar sucumbir ante el atractivo de las redes sociales. Cada vez son más los perfiles pro-yihadistas disponibles en estas páginas. Un número creciente de miembros de este colectivo piensan que la ausencia en las redes sociales, es igual a la irrelevancia. Y para conseguir que su visión del mundo siga estando presente en uno de los más espacios que más rápido crece en el ciberespacio, están dispuestos a asumir unos riesgos mucho más elevados.

La fascinación por los nuevos instrumentos de comunicación social, especialmente entre los más jóvenes, ha sido públicamente criticada por destacados ideólogos de la yihad online. En febrero de 2013, Abu Sad al-Amili, publicaba en Internet un ensayo[136] donde lamentaba la pérdida de actividad dentro de los foros yihadistas, como consecuencia de que un número creciente de sus miembros preferían volcar sus esfuerzos exclusivamente en las redes sociales. Según este influyente autor radical, una de las causas de esta migración era que los internautas habían empezado a utilizarlas durante los, cada vez más frecuentes, periodos en

---

[136] BUNZEL, COLE (2013). "Are the Jihadi Forums Flagging? An Ideologue's Lament", *Jihadica.com*, 20 March. http://www.jihadica.com/are-the-jihadi-forums-flagging-an-ideologue%E2%80%99s-lament/

que los foros dejaban de estar operativos tras sufrir un ciber-ataque. Sin embargo, muchos de estos internautas ya no regresaban, o lo hacían con mucha menos asiduidad, lo que había hecho "languidecer" los foros yihadistas de Internet. Según al-Amili, estos ciber-yihadistas no son conscientes de que son unos meros "huéspedes" en servicios como *Facebook* o *Twitter*, los cuales son administrados por "nuestro enemigo", el cual no dudará en "cerrarles las puertas" cuando lo crea necesario.

No obstante, esta no ha sido la única visión dentro de la comunidad radical que se congrega en los foros de Internet. Otros usuarios han abogado por simultanear el uso de ambas plataformas como una estrategia para ampliar el alcance de su mensaje. Así, por ejemplo, en abril de 2013, un destacado usuario del Foro *Shamikh* aportaba a sus compañeros las direcciones de las principales 68 cuentas de *Twitter* de temática yihadista que merecía la pena seguir[137].

Los que han sentido la llamada de las redes de las sociales no han sido únicamente los "usuarios de base". En diciembre de 2011 el grupo somalí Al Shabaab abría en *Twitter* la cuenta @HSMPress. Este perfil tenía como objetivo principal alcanzar a un público anglo-parlamente[138]. Hasta su desconexión el 25 de enero de 2013, envió cerca de 1250 *tweets* a sus más

---

[137] https://shamikh1.info/vb/showthread.php?t=192509&highlight=%E4%CE%C8%C9 [Accedido el 15 de abril de 2013]

[138] MAHER, SHIRAZ; MELEAGROU-HITCHENS, ALEXANDER and SHEEHAN, JAMES (2012). "Lights, Camera, Jihad: Al-Shabaab's Western Media Strategy", *ICSR Report*. http://icsr.info/wp-content/uploads/2012/11/ICSR-Lights-Camera-Jihad-Report_Nov2012_ForWeb-2.pdf

de 20.000 seguidores. La suspensión de la cuenta por parte de la propia empresa, se produjo después de que los yihadistas somalíes publicasen una fotografía del cuerpo de un soldado francés muerto durante la operación militar fallida destinada a rescatar al rehén francés Denis Allex, retenido desde julio de 2009. Posteriormente, y como represalia, sería ejecutado por Al Shabaab.

El perfil en *Twitter* de los yihadistas somalíes, más que un intento por interactuar con los internautas, respondía a la necesidad de compensar la pérdida de su capacidad de difundir propaganda, cuando el foro a través del cual distribuían sus comunicados sufrió un ciber-ataque y dejó de estar disponible.

La presencia yihadista en Internet experimentó un nuevo impulso a partir de 2012 al abrigo del conflicto sirio[139]. Los diferentes grupos armados que operaban en este país hicieron un uso intensivo de esta plataforma para distribuir imágenes y videos de los enfrentamientos. Los internautas yihadistas reenviaron y reinterpretaron estos materiales de una gran dureza visual para reforzar sus posiciones. El siguiente paso, fue crear sus propios perfiles, para tratar de obtener también la visibilidad mediática de que habían alcanzado los insurgentes sirios.

---

[139] PRUCHA, NICO (2013). "Jihadi Twitter activism – Introduction", *Jihadica.com,* April 27. Disponible en: http://www.jihadica.com/jihadi-twitter-activism-introduction/?utm_source=rss&utm_medium=rss&utm_campaign=jihadi-twitter-activism-introduction

La segunda gran organización que probó suerte en *Twitter* fue Al Qaeda en el Magreb Islámico a través de su cuenta @Andalus_Media creada el 16 de marzo de 2013. El grupo norteafricano decidió utilizar esta red social, no tanto como un instrumento para distribuir propaganda, sino como una plataforma para poner en marcha nuevas iniciativas comunicativas como, por ejemplo, una sesión abierta de preguntas y respuestas a su responsable de propaganda Ahmed Abi Abd Al Ellah. El grupo terrorista colgó varios mensajes sobre cuál era el procedimiento a seguir por "la prensa y el público en general" para hacer llegar sus preguntas. Estas instrucciones fueron *twitteadas* en árabe, francés, inglés y significativamente, también en español. No obstante, el grupo dejó claro que atendería preguntas que no fuesen remitidas en árabe o inglés, lo que dejaba claro que el español se utilizaría sólo esporádicamente para amplificar el alcance de algunos mensajes concretos, pero no sería un instrumento de uso cotidiano para esta nueva plataforma propagandística.

La presencia de contenidos yihadistas en español dentro de las redes sociales ha sido muy escasa por las mismas causas que explican la escasa presencia de contenidos en este idioma en foros y páginas estáticas. Han sido escasos los perfiles de Facebook, Twitter o Youtube que han hecho una apología explícita del terrorismo yihadista empleando el castellano, siendo el caso más destacado el del usuario Karim Al Magribi cuya trayectoria ha sido comentada en el epígrafe anterior.

Sin embargo, no han escaseado aquellos otras cuentas en español que se han situado en un ámbito de ambigüedad, celebrando la violencia yihadista que tiene lugar en escenarios de conflicto, pero sin incurrir en una defensa explícita del terrorismo y los grupos que lo llevan a cabo.

CAPÍTULO 3: QUÉ NOS DICE INTERNET SOBRE EL 11-M

> Martirio…el único camino en el que un hombre puede
> conseguir ser famoso sin tener ninguna habilidad
> George Bernard Shaw (1856-1950)

A veces se olvida que la célula terrorista que ejecutó la masacre de los trenes el 11 de marzo de 2004 en Madrid (11-M) hizo un amplio uso de Internet, tanto en los meses previos a los atentados, como en las semanas posteriores, hasta que finalmente su núcleo principal se suicidó al verse rodeado por la policía el 3 de abril en un piso de la localidad madrileña de Leganés.

A comienzos de 2004 la presencia yihadista en Internet se encontraba en pleno proceso de transformación. Los terroristas empezaron a percibir que el ciberespacio no era un terreno donde moverse con total impunidad. Las células operativas modificaron sus hábitos en Internet para dificultar la localización de sus miembros y eliminar pruebas inculpatorias en caso de ser detenidos. Sin embargo, la mentalidad de la célula del 11-M todavía estaba anclada parcialmente en un periodo donde los terroristas utilizaban Internet sin excesivas precauciones. El ejemplo más claro de esta actitud lo encontramos en el extenso rastro digital que los terroristas dejaron tras de sí. El Auto de Procesamiento 20/2004 , que da cuenta de los resultados de la investigación policial de los atentados, dedica más de ciento veinte páginas a analizar el contenido de los discos duros, CDs y memorias extraíbles utilizados por los miembros más destacados del grupo. A estos materiales deben añadirse los archivos temporales de Internet o "cookies" alojados en los ordenadores, los cuales permitieron conocer cuáles eran sus hábitos de navegación y que páginas web visitaban.

La célula del 11-M constituyó un ejemplo paradigmático de lo que los terroristas actuales tratan de evitar en el ciberespacio. Si bien sus protagonistas emplearon algunas medidas de seguridad destinadas a lograr un mayor anonimato, no pensaron realmente que sus actividades en Internet pudieran poner en peligro sus planes, a diferencia de lo que sucedía con el uso de la telefonía. Sus miembros recurrían de manera continua al uso de múltiples tarjetas de prepago anónimas que intercambiaban frecuentemente en sus teléfonos móviles. Este era un hábito que exigía una elevada concienciación debido a que restaba agilidad e inmediatez a sus comunicaciones. Sin embargo, su uso de Internet distaba mucho de ser el propio de unos internautas concienciados de los riesgos que conllevan las nuevas tecnologías de la información.

En los últimos tiempos los partidarios del yihadista han adoptado múltiples medidas como la encriptación de sus comunicaciones, ocultar la identidad del equipo que utilizan, o borrar los historiales de navegación y cualquier otro archivo que delate el tipo de contenidos que han consumido o producido. Sin embargo, todas estas prácticas requieren de un esfuerzo continuado, y restan agilidad al uso de Internet, convirtiendo la navegación en un asunto lento y tedioso. Esto explica por qué en las operaciones llevadas a cabo contra radicales que muestran una gran competencia técnica, aún es posible encontrar este tipo de evidencias digitales. Estos trazos siguen estando presentes en los ordenadores de los terroristas, no tanto por falta de concienciación, sino por el relajamiento que se produce con el paso del tiempo.

El papel de Internet en este atentado no fue sólo instrumental. A lo largo de este capítulo se trataran algunas incógnitas que tienen su origen en el ciberespacio y que resultan claves para entender este trágico episodio.

Cómo utilizaron Internet

Los principales miembros de la célula del 11-M dedicaron gran cantidad de su tiempo a navegar en la red, consumir contenidos radicales descargados de Internet, y mantener comunicaciones virtuales con otros elementos claves del complot. Toda esa actividad quedó documentada en la investigación de los atentados, e incorporada en los diferentes documentos judiciales. Desafortunadamente los informes policiales no recogen el contenido íntegro de los cientos de archivos hallados, lo que habría permitido una explotación más ambiciosa de esos materiales. Cuando los especialistas del Cuerpo Nacional de Policía siguieron el rastro de las *cookies* alojadas en los ordenadores, decenas de las direcciones de Internet visitadas por los terroristas habían dejado de estar disponibles. No obstante, es posible deducir su contenido por el nombre del dominio, o través de repositorios digitales que almacenan el contenido de algunas webs desaparecidas.

Los informes periciales se limitan a describir la disponibilidad de la página, y los contenidos disponibles en el momento en que el investigador realiza la consulta, el cual no tiene por qué coincidir con la misma página web que visitaron los terroristas. Esto ha provocado algunas incoherencias en el documento policial. Así, por ejemplo, en el informe que describe el contenido del ordenador portátil de Jamal Ahmidan "el chino", el cual fue incautado en el domicilio que compartía con su novia en Madrid, indica que uno de los archivos temporales[140] "conduce a páginas pornográficas en español (conejos calientes en vivo)". Sin embargo, este no era el contenido que el terrorista visitó en marzo de 2004. Tal y como nos indica la web www.archive.org, la dirección alojaba enlaces para la descarga en diferentes formatos y calidades uno de los más populares videos de Al Qaeda titulado "La batalla de Badr en Riad", el cual elogia los atentados de noviembre de 2003 contra el complejo occidental de Al Muhayya en Arabia Saudí. Los ataques ejecutados por Al Qaeda en la Península Arábica se llevaron a cabo en el aniversario de la histórica batalla de Badr (siglo VII), cuyos preparativos fueron grabados con extremo detalle por parte de la organización[141].

Cuando las páginas webs son "descolgadas" de sus servidores, es muy habitual que la empresa que presta el servicio trate de obtener algún tipo de rentabilidad de aquellos dominios que han quedado vacantes y que nadie ha vuelto a contratar. Para ello ocupan esos espacios webs con publicidad indiscriminada de todo tipo de productos o servicios, o replican páginas comerciales que se encuentran alojadas originalmente en otros

---

[140] http://www.pages4free.biz/sout333/bdr.htm

[141] HEGGHAMMER, THOMAS (2010). *Jihad in Saudi Arabia: Violence and Pan-Islamism since 1979*, Cambridge: Cambridge University Press, pp. 204.

dominios. Esta circunstancia generó una serie de errores en el informe. Los peritos catalogaron, por ejemplo, la página http://www.ansaarnews.com/ como un "buscador en inglés de temas tecnológicos"[142], cuando era una página dedicada originalmente a recoger en noticias sobre la yihad y los conflictos que afectan a los musulmanes desde una perspectiva militante. La dirección http://ezzedeen.net/ se etiquetaba como página "en inglés, sobre productos de regalo y escritorio"[143], cuando era una página en árabe dedicada a la figura del fundador de Hamas, el jeque Yassin, así como a noticias sobre la yihad en Palestina. Según el informe, http://www.waislamah.net/ era un "buscador en inglés de distintos profesionales", sin embargo, era una página dedicada a los muyahidín chechenos. Otros dominios como http://www.1osamabinladen.5u.com, resume en buena medida su contenido en el propio nombre, siendo una página dedicada a recopilar las principales declaraciones del líder de Al Qaeda, así como interpretaciones de otros autores radicales sobre su pensamiento, sin embargo, los peritos sólo pudieron constatar que no se encontraba disponible[144].

A pesar de estas carencias, los datos que ofrece el análisis policial son suficientemente abundantes como para considerarlos una muestra representativa de los contenidos visualizados por los yihadistas. Por otra parte, el Auto de Procesamiento recoge numerosos testimonios de testigos

---

[142] AUDIENCIA NACIONAL. JUZGADO CENTRAL DE INSTRUCCIÓN Nº 6. "Auto de Procesamiento del Sumario 20/04", 10 de abril de 2006, pp. 422.
[143] Idem.
[144] Idem, pp. 403.

protegidos, cartas manuscritas y resultados de vigilancias policiales, donde también se evidencia el uso de Internet por parte de este grupo radical.

La célula del 11-M empleó Internet para lograr los siguientes objetivos: a) adoctrinamiento ideológico, b) refuerzo emocional, c) adiestramiento, e) obtención de información operativa, f) comunicación privada, y h) seguimiento del impacto mediático de sus acciones. Respecto al uso propagandístico de Internet, como veremos más adelante, también tuvo lugar en el caso del 11-M, aunque los protagonistas de estas acciones no fueron los miembros del grupo de Madrid.

Se trata de un conjunto de acciones habituales en los grupos y redes yihadistas de la época, quedando fuera otra serie de posibilidades como podría ser el reclutamiento directo, la financiación ilícita, e incluso la posibilidad de llevar a cabo ataques cibernéticos.

a)   Adoctrinamiento ideológico

Una de las principales funciones que cumplió Internet consistió en apoyar al adoctrinamiento ideológico del grupo. La mayoría de los archivos descargados (tanto de audio, como de texto) contienen enseñanzas de carácter político-religioso, en su mayoría abiertamente radicales. De los 186 archivos localizados, sólo 19 documentos son manuales operativos, el resto de se dedican al adoctrinamiento ideológico.

Internet facilita enormemente la adquisición de artículos y libros de naturaleza extremista, así como la audición de sermones pronunciados en entornos clandestinos. Sin el acceso a través de la red la obtención de ese tipo de materiales hubiese resultado mucho más compleja, lenta e insegura[145].

La propaganda proporcionó al grupo un cuerpo teórico de razonamientos y de valores dotado de coherencia interna. Esto les permitió legitimar religiosamente las acciones terroristas por la repetición insistente de la idea de que los musulmanes están combatiendo una guerra defensiva en inferioridad de condiciones, y que al hacerlo cumplen una obligación moral. Este tipo de afirmaciones se encuentra aderezadas por citas y referencias a los textos sagrados del Islam, como estrategia para dar solidez y veracidad a sus conclusiones. Los llamamientos a librar una guerra que legitima el uso de tácticas terroristas, se presentan como una consecuencia lógica de la lectura del Corán.

La propaganda descargada y consumida a través de Internet permite que los simpatizantes del yihadismo, y en especial los reclutadores y líderes, tengan argumentos más elaborados para atraer a otros hacia su causa. En muchos casos los potenciales reclutas son personas con escasa formación religiosa que quedan asombrados por la "erudición" de los yihadistas más comprometidos. La declaración de un individuo que asistió a las reuniones privadas del grupo de Serhane Abdelmajid "el tunecino", constata la

---

[145] WEIMANN, GABRIEL (2006). *Terror on the Internet. The new arena, the new challenges*, Washington DC: United States Institute of Peace Press.

autoridad moral que este sujeto tenía entre sus seguidores debido a su superior formación religiosa y académica. En cierto modo, Internet facilita la adquisición de esos conocimientos a través de "formación a distancia".

Por otro lado, el ciberespacio contribuye a que los individuos inmersos en la subcultura yihadista no se perciban a sí mismos como sujetos aislados, sino como miembros de una comunidad global mucho más amplia que goza de la sanción legal y religiosa de expertos en ciencias islámicas.

Los archivos alojados en los ordenadores y dispositivos de la célula del 11-M incluyen una gran variedad de autores[146]. Esa diversidad constituye un indicio de la frecuencia con que algunos de los miembros del grupo visitaban web yihadistas y del tiempo que invertían en ellas. En el ordenador incautado en el domicilio de "el chino" pudieron identificarse visitas a más de cuarenta webs inequívocamente yihadistas.

La identidad de algunos de esos ideólogos radicales también nos permite apreciar el momento de transición en el cual la célula del 11-M desarrollo sus actividades. Uno de los autores más "descargados" era el influyente predicador palestino Abu Qutada, afincado en Londres, y en ese momento aún en libertad a pesar de sus intensas y dilatadas relaciones con grupos y redes terroristas. Resulta más que significativo, que el autor de estos documentos fuese el destinario de algunas de las llamadas telefónicas que los componentes de la célula intentaron realizar cuando se encontraban

---

[146] JORDÁN, JAVIER y TORRES SORIANO, MANUEL R (2007). "Internet y actividades terroristas: el caso del 11-M", *El Profesional de la Información*, Vol. 16, No 2, marzo-abril, pp. 123-130

rodeados por la policía en Leganés, con el objetivo de reafirmar la sanción religiosa del acto de martirio colectivo que sus integrantes pensaban llevar a cabo[147].

La influencia de Qutada ha permanecido estable a lo largo de estos años, gracias a que sus enseñanzas han continuado alimentando desde Internet la determinación criminal de nuevos terroristas. Sin embargo, esto no ha sucedido con el autor individual que mayor atención recibió por parte de la célula del 11-M[148] el cual ha sido olvidado o despreciado por los mismos individuos que en el pasado justificaron sus actos violencia apelando a su autoridad religiosa. Se trata del jeque egipcio Sayyed Imam al Sharif, también conocido como Abdul Aziz Bin Saleh o Doctor Fadl. Este médico egipcio fundó en los ochenta la organización terrorista Yihad Islámica, hizo de mentor de Ayman Al Zawahiri, y publicó una serie de textos clave en la justificación del terrorismo yihadista. Sus escritos han sido uno de los recursos más utilizados para salvar el escollo teológico que supone matar civiles, incluyendo a otros musulmanes.

En 2001 doctor Fadl fue capturado en Yemen, deportado a Egipto y sentenciado allí a cumplir cadena perpetua en prisión. Desde su celda redactó un libro titulado *Revisiones: documentos sobre la racionalización del yihad en Egipto y en el mundo*, que sería publicado en varios diarios árabes a finales de 2007. Este libro supuso una ruptura radical con sus

---

[147] BERIAIN, DAVID (2005) "El hombre que autorizó el suicidio del piso de Leganés", *La Voz de Galicia,* 11 de marzo.

[148] JORDAN y TORRES (2007)

planteamientos anteriores, hasta el punto de sostener que la yihad, tal y como estaba siendo practicada por Al Qaeda, "viola las leyes del Corán" y era además "improductiva". En su obra llegaba incluso a proponer que Bin Laden fuese juzgado por un tribunal islámico por haber traicionado al Mulá Omar y propiciar la pérdida del Emirato Islámico de Afganistán. Este libro alcanzaría una enorme repercusión en Internet, ofreciéndose el acceso a texto íntegro en diferentes idiomas, y siendo objeto de todo tipo de debates sobre su significado e impacto en la deslegitimación del terrorismo.

Resulta imposible saber, que hubiese sucedido si ese cambio de planteamientos se hubiese producido durante los años en que la célula del 11-M estaba descargando y consumiendo propaganda a través de Internet. Es muy posible que no hubiese afectado a los planes del grupo, cuyos miembros, al igual que otros radicales, habrían racionalizado aquellos mensajes que entran en conflicto con sus ideas y prejuicios más asentados. No obstante, es preciso tener en cuenta que las actividades de este grupo se llevaron a cabo en un momento donde el discurso yihadista aún no había empezado a resquebrajarse, como consecuencia de la deserción de algunos de sus más influyentes teóricos[149].

---

[149] BERGEN, PETER and CRUICKSHANK, PAUL (2008). "The Unraveling. The jihadist revolt against bin Laden", *The New Republic*, June 11.
http://www.newamerica.net/node/10937

b)   Refuerzo emocional

Otra de las funciones que cumplió Internet a través de la transmisión de archivos de imagen, audio y video fue el refuerzo del adoctrinamiento ideológico y el sentido de pertenencia. A través de materiales audiovisuales de extrema dureza se suscitó lo que el sociólogo francés Farhad Josrojavar[150] denomina *frustración delegada*; es decir, la interiorización como propios de los agravios y sentimientos de venganza experimentados por otros.

La propaganda yihadista procura estimular ese tipo de pasiones difundiendo imágenes desgarradoras de mujeres y niños musulmanes muertos o heridos; soldados israelíes maltratando a jóvenes palestinos; efectos de bombardeos norteamericanos sobre población civil, etc. La célula del 11-M tenía archivos de ese tipo en sus ordenadores. También consta que desde ellos visitaron sitios web yihadistas donde aparecían imágenes de similares características. Sin embargo, la muestra de archivos hallados y analizados por la policía sólo contiene una pequeña fracción de ellos: un 8% eran videos, un 19% grabaciones de audio y el 73% restantes documentos de texto.

Esto no quiere decir que los yihadistas del 11-M tuvieran poco interés en los documentos visuales. La declaración de varios testigos protegidos deja constancia de reuniones en las que Serhane Abdelmajid, Moutaz Almallah

---

[150] JOSROJAVAR, FARHAD (2003). *Los nuevos mártires de Alá*, Madrid: Ediciones MR, pp. 238.

Dabas, Mustafa El Maymouni o Jamal Ahmidan (cuatro miembros destacados del grupo de Madrid) proyectaban en sus ordenadores videos con imágenes de las injusticias sufridas por los musulmanes. Por ejemplo, la mujer de Mouhannad Almallah Dabas[151] habla de un video donde unos soldados rusos (seguramente en Chechenia) matan a sangre fría a una familia musulmana y pasan por encima de cuerpos de civiles con un carro de combate.

En los ordenadores de este grupo son escasos los contenidos audiovisuales que hacen referencia a Irak, lo que probablemente podría explicarse porque no es hasta mediados de 2004 cuando se produce la eclosión propagandística de los grupos insurgentes que operaban en Irak, la cual daría lugar a miles de comunicados y archivos audiovisuales de extrema crudeza. Los atentados de Madrid se produjeron en el primer tercio del año y muchos de los documentos hallados habían sido descargados el año anterior.

Otra función de ese tipo de documentos gráficos y audiovisuales consiste en insuflar moral a los yihadistas mostrando imágenes de atentados y

---

[151] Almallah Dabas sería condenado por la Audiencia Nacional por su implicación en los atentados del 11-M, aunque posteriormente sería absuelto por el Tribunal Supremo. Años después se desplazó a Siria, en compañía de un hijo menor de edad, desarrollando, entre otras, actividades logísticas y de aprovisionamiento para la organización terrorista Jabhat al Nusra. Dabas sería abatido por un francotirador del régimen sirio en octubre de 2013. REINARES, FERNANDO y GARCIA_CALVO, CAROLA (2013). "Yihadistas en Siria procedentes de España: hechos y cifras", *Comentario Elcano* n° 79/2013, 18/12/2013.
http://www.realinstitutoelcano.org/wps/portal/rielcano/contenido?WCM_GLOBAL_CONTEXT=/elcano/elcano_es/zonas_es/terrorismo+internacional/reinares-garcia-calvo-yihadistas-siria-procedentes-espana

combates en vivo, así como de los "trofeos" y de las consecuencias de sus acciones. Entre los archivos encontrados se hallan, por ejemplo, videos de ataques a las fuerzas norteamericanas en Irak, profanaciones de cadáveres enemigos, imágenes de la documentación de uno de los miembros del CNI asesinados en Irak, etc. Ese tipo de materiales resultan complementarios con los de adoctrinamiento ideológico en la creación de la comunidad transnacional yihadista.

c) Adiestramiento

Internet también contribuye a la transmisión de *know-how* terrorista. Desde cómo llevar a cabo secuestros y fabricar explosivos, hasta cuál debe ser el comportamiento en caso de ser detenidos por la policía. Evidentemente este tipo de documentos no sustituyen el adiestramiento en la vida real, pero en casos concretos pueden ser de gran utilidad.

La policía halló ficheros con 19 manuales operativos, sin embargo, la mayor parte se dedicaban a teorizar sobre emboscadas, guerrillas, armas nucleares, etc. Es decir temáticas de escasa utilidad práctica que más bien cumplían un papel complementario al adoctrinamiento ideológico, contribuyendo a que se viesen a sí mismos como combatientes inmersos en una guerra.

Entre estos documentos hay algunos que posiblemente les resultaron de mayor utilidad, sobre todo los procedentes de *Campo de entrenamiento Al-Battar*: una revista editada por Al Qaeda en la Península Arábica desde

2003 y que tenía como fin proporcionar a distancia el adiestramiento especializado que recibían los alumnos de los campos de entrenamiento en Afganistán, antes de que estos fueran destruidos tras la intervención norteamericana en aquel país. Entre esos contenidos se encuentran, por ejemplo, algunos que hacen referencia a medidas de seguridad para no ser descubiertos y seguidos por la policía, con especial atención al uso de los teléfonos móviles.

Uno de los documentos hallados explicaba, por ejemplo, la fabricación de explosivo casero (conocido como TATP), el mismo que se utilizó en los atentados de Casablanca en mayo de 2003. Tampoco les resultó de gran ayuda ya que su fabricación requiere cierto conocimiento experto (un terrorista amateur puede provocar un incendio o una explosión a mitad del proceso de elaboración). En el portátil de un yihadista relacionado con los integrantes de la red, el egipcio Rabei Osman El Sayed, se encontró también una fotografía de una bomba activada con teléfono móvil. Sin embargo, la imagen no detallaba el modo como debían realizarse las conexiones.

d) Obtención de información operativa

La facilidad de acceso a determinadas informaciones es otra de las grandes ventajas de Internet desde el punto de vista de la planificación terrorista. Muchos atentados yihadistas se han dirigido contra "objetivos blandos", es decir, contra instalaciones con escasa o nula protección, como por ejemplo autobuses, trenes de metro, cafeterías, discotecas, hoteles, iglesias, sinagogas, etc. Se trata de lugares frecuentados, de acceso sencillo y en ocasiones con cierta carga simbólica. Por su propia lógica institucional o comercial a menudo ese tipo de objetivos ofrecen detalles concretos en sus páginas web sobre cómo llegar, horarios de apertura, visitas virtuales, etc. Información que resulta de gran valor a la hora de seleccionar posibles objetivos.

Este es un aspecto que también se refleja en el análisis de los ordenadores del 11-M. Existe constancia de que los terroristas visitaron después de la masacre de los trenes varias páginas web de instituciones judías en España, la mayor parte de ellas en Madrid o ciudades próximas como Ávila y Toledo. La dirección de uno de esos centros judíos se encontró escrita en un papel descubierto entre los escombros del piso de Leganés. Lógicamente, si no hubieran sido localizados muy poco después por la policía, los terroristas tendrían que haber realizado reconocimientos sobre el terreno antes atacar a alguno de dichos objetivos, pero sin duda Internet les habría ayudado a descubrir y seleccionar el idóneo, y a saber cómo llegar hasta él.

e)   Comunicación privada

La comunicación gratuita, en tiempo real y a cualquier distancia que ofrece Internet también fue ampliamente aprovechada por responsables del 11-M. El Auto de procesamiento ofrece información interesante al respecto. Gracias al e-mail, Moutaz Almallah Dabas y Serhane Abdelmajid mantenían contacto con Amer Azizi, un marroquí perteneciente a una célula de Al Qaeda desarticulada en España en 2001, el cual conseguiría evadir el cerco policial. Azizi se estableció en la zona fronteriza entre Afganistán y Pakistán, convirtiéndose en el lugarteniente del jefe de "operaciones externas" de Al Qaeda, el egipcio Hamza Rabia[152]. En diciembre de 2005, ambos morirían, junto a otros tres miembros de Al Qaeda, en un ataque llevado a cabo por un avión no tripulado estadounidense en Waziristán del Norte. Durante su estancia en España, y como miembro de la célula de Al Qaeda dirigida por Abu Dadah, Azizi había desarrollado unos intensos lazos de amistad con otros miembros del grupo que posteriormente desempeñarían puestos claves en los atentados del 11-M. El auto de procesamiento recoge los testimonios de algunos testigos cercanos a la célula de Madrid, los cuales constataban la admiración con la cual hablaban de Azizi por su trayectoria como muyahidín, y su compromiso con la yihad. La comunicación permanente con este destacado miembro de Al Qaeda ubicado en la remota área Af-Pak pudo mantenerse durante este tiempo, en buena medida gracias a Internet. No obstante, no existe conocimiento de su contenido, debido a que por motivos de seguridad y para no dejar rastros digitales, no intercambiaban correos, sino que alojaban sus mensajes en el buzón de borradores de una cuenta que compartían utilizando el mismo nombre de usuario y contraseña. Por otra parte, también consta que el condenado por el 11-M, el marroquí Hassan el-Haski, se mantenía en contacto con otros yihadistas utilizando como medida de seguridad una misma cuenta de

---

[152] REINARES, FERNANDO (2010). "The Madrid Bombings and Global Jihadism", *Survival*, Vol. 52 N° 2, pp. 83-104.

correo, en la que colgaban los distintos mensajes en la carpeta de 'borrador'. Se trata de una práctica que en su momento fue utilizada por los terroristas que perpetraron los atentados del 11 de Septiembre en Estados Unidos[153].

Aunque existen informaciones[154] sobre una posible visita a Madrid de Azizi para ultimar los detalles del atentado, el cual habría sido reconocido por varios testigos[155], este vínculo digital constatado constituye por sí misma una sólida evidencia de cómo el círculo más cercano a Osama Bin Laden estaba al tanto de la preparación de los atentados de Madrid, los cuales tal y como ha demostrado brillantemente el profesor Fernando Reinares, no sólo fueron aprobados, sino también supervisados y apoyados directamente por la propia organización terrorista Al Qaeda.

f) Seguimiento del impacto mediático de sus acciones

Por último, la agilidad que Internet proporciona a los medios de comunicación escritos a la hora de actualizar sus noticias y permitir su consulta continua también facilita que los terroristas sigan el impacto mediático y las consecuencias de sus acciones. El terrorismo –incluido el

---

[153] THE NATIONAL COMMISSION ON TERRORIST ATTACKS UPON THE UNITED STATES (2004). "The 9/11 Commission Report". http://govinfo.library.unt.edu/911/report/911Report.pdf

[154] REINARES, FERNANDO (2012). "The Evidence of Al-Qa`ida's Role in the 2004 Madrid Attack", *CTC Sentinel*, Vol. 5 Issue 3. http://www.ctc.usma.edu/wp-content/uploads/2012/04/CTCSentinel-Vol5Iss38.pdf

[155] MARLACA, MANUEL y RENDUELES, LUIS (2007). *Una historia del 11-M que no va a gustar a nadie*, Barcelona: Temas de Hoy, pp. 253

de inspiración yihadista– utiliza la violencia no como un fin en sí mismo, sino como instrumento de propaganda y chantaje. Por ello, la publicidad que reciben sus atentados y la respuesta ante el terror por parte de la sociedad y de los gobiernos resultan determinantes para su éxito o fracaso. De ahí su interés por el seguimiento informativo posterior. Así, por ejemplo, los rastros de navegación encontrados en el ordenador portátil de Jamal Ahmidan "el chino" nos muestran como este tras regresar por primera vez a su hogar el 18 de marzo, pasó toda la noche en vela conectado a Internet[156] informándose del impacto mediático de los atentados y del avance de las investigaciones, a través de la consulta de las ediciones digitales de múltiples medios como la Cadena Ser, BBC, CNN, el País, El Mundo y La Razón.

Los agoreros del 11-M: El Global Islamic Media

Uno de los aspectos más intrigantes sobre la "dimensión virtual" de los atentados del 11-M es la influencia que ejerció en la gestación de los ataques una oscura organización propagandística ubicada en el ciberespacio, llamada Global Islamic Media (GIM). Al menos uno de los principales miembros de la célula estaban suscritos a los contenidos de esta plataforma, los cuales se distribuían a través de una página web y una lista de distribución de correos electrónicos. Algunos de los materiales distribuidos abordaron de manera monográfica los ataques contra España antes y después del fatídico 11 de marzo de 2004.

---

[156] Idem. pp.57.

El GIM englobó desde su creación a mediados de 2001 a un conjunto heterogéneo de musulmanes radicalizados dispersos por todo el planeta. Sus miembros decidieron canalizar su compromiso con la yihad global a través de la creación y difusión de materiales propagandísticos que ensalzaban la violencia terrorista y buscaban provocar el miedo entre la opinión pública enemiga. El grupo se definió asimismo como una iniciativa independiente destinada a apoyar a través de la comunicación a todos los muyahidín.

Durante bastante tiempo, la naturaleza del GIM ha sido una incógnita debido a la ausencia de información sobre sus miembros. Algunos medios de comunicación le atribuyeron de manera errónea el carácter de aparato propagandístico de Al Qaeda. Según esta visión, el grupo era una especie de entidad fantasmal ubicada en el ciberespacio que centralizaba la comunicación de yihad global, y cuyas amenazas se encontraban respaldadas por algunos de las organizaciones terroristas más peligrosas. Sin embargo, Al Qaeda siguió difundiendo sus mensajes de manera prioritaria a través de su propio brazo mediático: Al Sahab Institute for Media Production[157]. Esta práctica era similar a la de otras organizaciones yihadistas que recurrían a canales de distribución distintos a los del GIM. De hecho, este grupo raramente ha difundido en primicia videos y comunicados procedentes de organizaciones responsables de actos

---

[157] KIMMAGE, DANIEL (2009). "Al-Qaeda Central and the Internet", *Counterterrorism Strategy Initiative Policy Paper – New America Foundation*, March. http://counterterrorism.newamerica.net/sites/newamerica.net/files/policydocs/kimmage2_0.pdf

violentos. Los videos que incluían material operacional, eran productos propios elaborados a partir de grabaciones que habían sido difundidas por sus autores por otras vías, y el que el GIM se había limitado a versionar y presentar de manera novedosa.

No obstante, desde el inicio de sus actividades era posible intuir algún tipo de vinculación con individuos y organizaciones ligadas al movimiento yihadista global. Así, por ejemplo, algunos de estos grupos advertían públicamente a su audiencia en Internet que no confiase en la credibilidad de ningún material procedente del grupo que no hubiese sido previamente anunciado y validado por Global Islamic Media[158].

Actualmente, este grupo sigue operando con la denominación de Global Islamic Media Front, la cual fue fruto de la unificación de dos plataformas propagandísticas "hermanas"[159] que actuaban en paralelo: Global Islamic Media Centre (GIMC), y Global Islamic Media Group (GIMG). El primero de ellos fue creado[160] en agosto de 2004 y estaba coordinado por un individuo que se hacía llamar Ahmad al-Wathiq Billah, nombre con el

---

[158] Este fue el canal utilizado por Al Qaeda en la Península Arábica para distribuir su revista on line La Voz de la Yihad entre 2004 y 2007. En su número 14 se advertía a sus lectores: "todas las versiones legítimas serán precedida de un anuncio de una organización basada en Internet conocida por Global Islamic Media Group". Véase: Hagmann, Douglas J. and Mansfield, Laura (2004). "Voice of Jihad Issue 14. Summary and Analysis", *Northeast Intelligence Network*, April 7. (acceso mediante suscripción)

[159] BRACHMAN, JARRET (2009). *Global jihadism: theory and practice*, New York: Routledge, pp. 127.

[160] El GIMC se creó como un "grupo" dentro las páginas del portal *Yahoo.com* con estas direcciones: http://groups.yahoo.com/groups/ilamislami; http://groups.yahoo.com/groups/ilamislaminews

cual firmó numerosos escritos sobre la estrategia de la yihad global y el papel de los medios de comunicación. El segundo, el más antiguo e importante, consistía en una lista de distribución creada el 29 de junio 2001 en uno de los grupos o espacios virtuales que la compañía *Yahoo* ofrecía gratuitamente a los usuarios de sus cuentas de correo electrónico[161], a la que se añadiría posteriormente una página web[162]. El acceso a sus materiales sólo era posible mediante contraseña. Seis meses después de su creación el GIMG tenía más de 600 suscriptores, una cifra que iría creciendo continuamente hasta alcanzar los 7400 miembros en el momento de su desaparición en la primavera de 2004, después de sufrir un ciber-ataque anónimo en respuesta a la publicación del espeluznante video con el degollamiento en Irak del contratista norteamericano Daniel Berg.

La célula del 11-M estaba inscrita en esta lista de distribución, al menos desde febrero de 2003, aunque no se ha podido determinar quién de sus componentes estaba suscrito, ni la dirección de e-mail que utilizaba. No obstante, si se ha podido constatar la existencia de catorce de sus documentos alojados en una memoria extraíble, así como visitas a la página web del grupo.

---

[161]   Puede   consultarse   una   copia   de   esta   página   en: http://web.archive.org/web/20011227153924/http://groups.yahoo.com/group/abu banan/ [Accedido el 05/08/2011]

[162]   Puede   consultarse   una   copia   en: http://web.archive.org/web/20020220055229/http://www.guraba.com/AbuBanan.h tm [Accedido el 05/08/2011]

La página estaba administrada desde Canadá por un individuo apodado "Abu Banan", nombre por el cual también se conocería la lista de distribución del Global Islamic Media Group. El servicio de inteligencia canadiense (Canadian Security and Intelligence Service, (CSIS)) creyó que un iraquí llamado Ayed Hamid Mejid y afincado en Montreal era la persona detrás de estas siglas. A pesar de la existencia de numerosas evidencias que apuntaban a esta dirección[163], los tribunales canadienses decretaran su absolución de delitos de terrorismo, en buena medida por los métodos poco ortodoxos a través de los cuales el CSIS investigó sus actividades en el ciberespacio. En cualquier caso, el cese de actividades de Abu Banan dentro de las web yihadistas coincidió con el inicio de las indagaciones de los agentes del servicio de inteligencia canadiense. Aunque no existe información sobre la responsabilidad de Abu Banan en el establecimiento de nuevas células en este país, Canadá siguió ocupando en los siguientes años un lugar central en la infraestructura del Global Islamic Media Front en Occidente.

Los integrantes de la célula del 11-M descargaron en sus ordenadores algunos de los materiales distribuidos por esta plataforma, como manuales operativos y doctrinales. Sin embargo, la verdadera relevancia del GIM con respecto a los atentados de Madrid proviene de dos documentos distribuidos en diciembre de 2003, donde se hacía mención explícita a España.

---

[163] TORRES SORIANO, MANUEL R. (2012). "Between the Pen and the Sword: The Global Islamic Media Front in the West", *Terrorism and Political Violence,* Vol. 24 N°5, pp. 769-786.

El primero de ellos es un extenso análisis titulado: *El Irak del yihad: esperanzas y riesgos*, elaborado por el autodenominado "Órgano de Información de Ayuda al Pueblo Iraquí (Centro de Servicios de los Muyahidín)", en un formato de informe para "consumo interno" donde se analiza la estrategia insurgente en Irak y la coyuntura política y social de algunos de los países europeos que estaban participando en la coalición militar presente en Irak. En el escrito se abordaba con profundidad el perfil de los gobernantes, sus fortalezas y debilidad, así como aquellos otros aspectos culturales y sociales del país que podían ser relevantes para fracturar la coalición internacional. Las seis páginas dedicadas a España contenían un fragmento especialmente explícito que fue interpretado por algunos como la prueba de que el atentado podía haber sido inspirado por este documento:

> "Por ello decimos que, para forzar al Gobierno español a la retirada de Irak, la resistencia debe propinar golpes dolorosos a sus tropas (…) Debe aprovecharse al máximo la proximidad de la fecha de las elecciones generales en España en el tercer mes del año próximo (…) Si sus tropas permanecen tras estos golpes, la victoria del Partido Socialista estará prácticamente garantizada, y la retirada de las tropas españolas estará en la lista de su proyecto electoral"[164].

---

[164] Puede consultarse la traducción al español del documento en el siguiente enlace: www.xlugh.com/islamnews/docs/irak.pdf

Sin embargo, a pesar de sus acertadas predicciones sobre el comportamiento electoral de los españoles, lo cierto es que sus recomendaciones se dirigían a la posibilidad de atacar a las tropas españolas desplegadas en Irak, y no tanto a la comisión de atentados terroristas en suelo español.

El otro documento, había sido difundido unos días antes por el "Órgano de Información de Ayuda al Pueblo Iraquí", aunque en esta ocasión por una sección autodenominada: "Departamento de Propaganda exterior", una denominación distinta que explica que lejos de ser otro documento de reflexión estratégica para su distribución entre los muyahidín, se trataba de un comunicado amenazante dirigido a la opinión pública española. Bajo el título de "Un mensaje al pueblo español", se afirmaba, por ejemplo:

> "Aznar sigue en su mentira diciendo que la presencia militar española en Irak es solamente por asuntos humanitarios. Sin embargo, la pura verdad es que está para justificar la invasión odiada y estar al lado del invasor (…) esta aventura pone bajo amenaza la vida de los soldados españoles (…) y al mismo tiempo, deja mala imagen de España (…) Tal vez, todo esto amenace la seguridad nacional española en el futuro. (…)"

En el documento, se mencionaba en estos términos el atentado mortal sufrido por siete agentes del Centro Nacional de Inteligencia en Irak el 29 de noviembre de 2003:

"Si la escena de los siete espías no es suficiente para activar tus sentimientos y que emprendas la salvación de tus hijos, nos empujarás a incrementar nuestra resistencia. Los batallones de la resistencia iraquí y sus partidarios en el exterior son capaces de incrementar la dosis, hasta eclipsar tus recuerdos de los despreciables espías"

Sin embargo, ni uno ni otro documento, fueron encontrados en los ordenadores y soportes informáticos incautados a los miembros de esta célula terrorista. Esto no significa, sin embargo, que dichos documentos no hubiesen sido leídos por algunos de sus miembros. Como suscriptores de la lista de distribución de Abu Banan, recibieron puntualmente dichos documentos en el momento de su difusión. No obstante, al igual que con la mayoría de materiales distribuidos por este grupo, decidieron o bien no descargar el archivo en ningún dispositivo de almacenamiento, o este fue borrado en algún momento.

Con independencia de que dichos documentos fuesen leídos por sus miembros, resulta difícil que en diciembre de 2003 sirvieran de inspiración intelectual de los atentados, ya que está probado que estos comenzaron a prepararse, al menos desde principios de octubre de 2003 o, posiblemente, un poco antes: en el verano. No obstante, sí que pudieron servir como un refuerzo a la ya de por sí firme determinación de la célula de atentar coincidiendo con la celebración de elecciones generales en España, y el aniversario parcial de los atentados del 11 de septiembre de 2001.

Una incógnita llamada Brigadas Abu Hafs al Masri

La primera reivindicación de los atentados del 11-M se llevó a cabo a través de Internet, aunque sus responsables no fueron los integrantes de la célula de Madrid, sino un grupo denominado Brigadas Abu Hafs al Masri. Dicha organización tomaba el "nombre de guerra" de Mohammed Atef, un ex-policía egipcio, que tras desempeñar un papel fundacional en Al Qaeda, ocuparía el puesto de "jefe militar" del grupo hasta su muerte en noviembre de 2001, en un ataque aéreo norteamericano en Afganistán.

En sentido estricto no había sido la primera reivindicación del atentado. La controvertida web filo-yihadista canadiense *Jihad Unspun* había publicado durante la mañana del 11 de marzo la noticia[165] de que un grupo desconocido llamado *Leones de al-Mufridun* ("aquellos que se aíslan"), compuesto por "operativos tunecinos, marroquíes y argelinos", "con presuntos vínculos con Al Qaeda", había reivindicado el ataque. Pocas horas después la web dejó de estar disponible. Al siguiente día, volverían a colgar la noticia asegurando que provenía de "fuentes muy creíbles"[166]

El mismo día de los atentados de Madrid, las Brigadas Abu Hafs al Masri difundieron a través de correo electrónico un comunicado escrito donde

---

[165] http://www.jihadunspun.com/intheatre_internal.php?article=96680&list=/home.php [no disponible]. Puede consultarse una copia de la noticia en: http://www.rumormillnews.com/cgi-bin/archive.cgi/noframes/read/45833

[166] Puede consultarse una copia de la aclaración de *Jihadunspun* en: http://www.racocatala.cat/forums/fil/4745/manipulacio

reivindicaban la autoría de los ataques contra los trenes. Durante bastante tiempo, ha existido la percepción (incluyendo a este autor) de que tras esta organización no había nada más que unas siglas utilizadas de manera oportunista por un grupo de simpatizantes de la yihad, para atribuirse como propias las acciones de otros y ampliar el efecto de los atentados terroristas[167]. Actualmente, el grupo ha abandonado su actividad comunicativa, y sigue siendo escasa la información disponible sobre el mismo, debido a que nunca se ha producido la detención o identificación de algún individuo que haya reconocido su participación en sus actividades. Por otro lado, ni "Al Qaeda organización", ni ninguna de sus extensiones regionales tampoco han hecho mención a la existencia de este grupo, incluso en los supuestos donde ante un mismo atentado se ha producido un solapamiento entre sus comunicados.

La escasa credibilidad de este grupo se había cimentado en su amplio historial de amenazas explícitas que no se llegaban a materializar, la utilización de un lenguaje altisonante que les restaba seriedad, pero sobre todo por la reivindicación como atentados de una serie de incidentes fortuitos carentes de vinculación con el terrorismo.

Su debut propagandístico se produjo a finales de julio de 2003, cuando las Brigadas distribuyeron a través de la lista de distribución del Global Islamic

---

[167] CARMON, YIGAL. (2004): "Evaluando la credibilidad de las amenazas de 'las Brigadas de Abu Hafs Al-Masri'", *The Middle East Media Research Institute (MEMRI) - Investigación y Análisis*, N.185, 10 de agosto. http://www2.memri.org/bin/espanol/articulos.cgi?Page=archives&Area=ia&ID=IA18504

Media[168], un comunicado donde reivindicaban el derribo de un avión norteamericano en Kenia. Según el comunicado, el aparato que transporta tres agentes de la inteligencia norteamericana, había sido abatido utilizando un lanzamisiles portátil, dando cumplimiento así a la advertencia lanzada a los Estados Unidos por parte de Ayman Al Zawahiri un mes y medio antes[169]. El mismo escrito anunciaba un próximo "regalo" al pueblo iraquí. Sin embargo, la caída del avión se había producido por causas fortuitas, y sus pasajeros, lejos de ser agentes de inteligencia, eran doce integrantes de una prominente familia de filántropos de Atlanta y sus dos pilotos sudafricanos[170].

Su segundo comunicado (11 de agosto de 2003) reclamó la responsabilidad por el atentado suicida que tuvo lugar seis días antes contra el Hotel Marriot de Jakarta, empleando un coche bomba que se cobró la vida de doce personas y dejó 150 heridos, en su mayoría indonesios. Las Brigadas enlazaron también este atentado con el cumplimiento del mismo mensaje de Al Zawahiri contra Estados Unidos y Australia. La investigación policial estableció que el suicida era un miembro del grupo asiático Jemaah

---

[168] Http://groups.yahoo.com/group/globalislamicmedia

[169] Se refiere a un mensaje en audio de Ayman Al Zawahiri difundido por la cadena *Al Jazeera* el 21 de mayo de 2003: "Los cruzados y los judíos no entienden sino el lenguaje de la muerte y la sangre. Ellos no se convencerán hasta que vean ataúdes volviendo a ellos, sus intereses destruidos, sus torres incendiándose y su economía colapsando. (…) No permitáis que Americanos, británicos, australianos, noruegos, y otros cruzados que matan a vuestros hermanos en Irak, que vivan en vuestros países, disfruten de sus recursos, y causen estragos en ellos."

[170] ASSOCIATED PRESS (2003). "Kenya Plane Crash Kills 14", *Los Angeles Times*, July 21. http://articles.latimes.com/2003/jul/21/world/fg-crash21

Islamiyah, y el método utilizado similar al empleado por este mismo grupo en los atentados de Bali de 2002.

Su tercer comunicado, es sin duda, el mensaje que más daño causó a la credibilidad de estas siglas. Bajo el rimbombante título de "Operación Relámpago Rápido en la Tierra del Tirano de esta Generación", las Brigadas reivindicaban como acto terrorista el apagón eléctrico producido el 14 agosto de 2003 en amplias zonas del noreste Estados Unidos y Ontario (Canadá). Según el comunicado, las Brigadas habían ejecutado el ataque siguiendo las órdenes de Osama Bin Laden "de golpear a la economía americana". Sin embargo, los responsables del grupo "no podía revelar el método seguido porque probablemente pronto tendrían que usar de nuevo la misma táctica". Sin embargo, este importante incidente, que provocó según la exagerada visión de las Brigadas que "los americanos vivieron un día negro que nunca olvidarán (…) un día de terror y miedo… un estado de caos y confusión dónde el saqueo y el pillaje alborotaron las ciudades"[171], tal y como estableció la investigación oficial, fue ocasionado por un complejo conjunto de fallos técnicos y de mantenimiento, quedando descartada cualquier acción terrorista. El informe oficial recogía las declaraciones de los responsables del FBI que catalogaban el comunicado de las Brigadas de "*wishful thinking*"[172], al tiempo

[171] MEMRI (2003). "Al-Qa'ida Clama Responsabilidad por el Apagón de la Semana Pasada", *Serie Comunicados especiales*, N° 553, agosto 19. Disponible en: http://www2.memri.org/bin/espanol/articulos.cgi?Page=archives&Area=sd&ID=SP5 5303 [Accedido el 05/03/2013]

[172] U.S.-CANADA POWER SYSTEM OUTAGE TASK FORCE (2004). "Final Report on the August 14, 2003 Blackout in the United States and Canada: Causes and

que señalaban que no existía ninguna información que confirmase la existencia de dicho grupo.

Su acción comunicativa posterior tampoco ofrecería pruebas de la existencia "real" de las Brigadas. El 19 de agosto de ese mismo año, el grupo reivindicó el atentado contra la sede de Naciones Unidas en el Hotel Canal de Bagdad, donde murió su representante especial en Irak, el brasileño Sergio Vieira de Mello, así como 21 personas más, entre ellas el capitán de navío español Manuel Martín-Oar. Aunque la lista de sospechosos dentro del marasmo de la insurgencia iraquí era amplia, el atentado fue reivindicado expresamente por el jordano Abu Musab Al Zarqawi, una hipótesis confirmada tras la detención del miembro de su grupo que montó el artefacto explosivo.

El 28 de agosto, las Brigadas volverían a reivindicar un importante apagón eléctrico producido cinco días antes, en el centro y norte de Londres. Al igual que en el caso estadounidense, fue ocasionado por un complejo fallo técnico.

El 12 de noviembre tuvo lugar un ataque suicida con camión bomba contra el cuartel de los Carabineros en la localidad iraquí de Nasiriya. El ataque causó la muerte a 19 soldados italianos, así como a nueve empleados iraquíes. El atentado también fue reivindicado por las Brigadas Abu Hafs al

Recommendations", April, p. 135. Disponible en: https://reports.energy.gov/BlackoutFinal-Web.pdf [Accedido el 05/03/2013]

Masri, aunque tiempo después, su autoría sería también reclamada por Abu Musab Al Zarqawi y su grupo al-Tawhid wal-Jihad (Monoteísmo y Yihad).

Las Brigadas reclamaron a través de un e-mail dirigido al periodo londinense en árabe *Al Quds al Arabi* la responsabilidad de los atentados del 15 y 20 de noviembre de 2003 en Estambul, contra dos sinagogas, el consulado de Reino Unido y una sede del banco británico HSBC. Los ataques, perpetrados por cuatro suicidas, dejaron tras de sí 67 muertes y 700 heridos, en su mayoría turcos. La investigación posterior permitió detener a varios cómplices que reconocieron sus vínculos y la aprobación de Al Qaeda.

La reivindicación como atentados de hechos fortuitos, y el solapamiento de sus reivindicaciones de responsabilidad con la de otros grupos asentados, lastraron suficientemente la credibilidad de las Brigadas Abu Hafs como para que su intervención en los atentados de Madrid fuese minusvalorada. Sin embargo, la puesta en común de los nuevos datos procedentes de la investigación de los atentados del 11-M y la trayectoria de esta organización nos permite respaldar una doble hipótesis:

Por un lado, que las Brigadas Abu Hafs Al Masri, constituye una "marca" alternativa que "Al Qaeda central" utilizó dentro de su estrategia comunicativa. Por otro lado, que las "Brigadas" desde la distancia, formaron parte, en su versión comunicativa, del complot terrorista, contando, con el consentimiento y la colaboración de la célula que ejecutó el ataque.

La "marca blanca" de Al Qaeda

Cuando las "Brigadas" empezaron a acaparar titulares, los medios de comunicación occidentales tenían la necesidad de incluir una nota aclaratoria sobre quien era Abu Hafs al Masri. El egipcio Mohamed Atef y su apodo de guerra eran nombres totalmente desconocidos para la opinión pública internacional. Los medios recalcaban como las Brigadas habían adoptado este nombre para honrar la memoria de este importante miembro de Al Qaeda abatido por los Estados Unidos al inicio de la campaña afgana. Sin embargo, se obviaba que Abu Hafs no era un miembro más, sino el verdadero predilecto de Osama Bin Laden, su consejero más próximo y querido, y la persona más influyente dentro de la estructura de la organización. Su cercanía había sido incluso reforzada por vínculos de sangre, cuando a comienzos de 2001, Khadija, la hija de Mohamed Atef, contrajo matrimonio con Mohammed, uno de los hijos de Osama Bin Laden. Según relata uno de los hijos del saudí: "Creo que mi padre amó a Mohammed Atef tanto como un hombre puede amar a otro hombre. Debido a su indestructible amistad, Mohammed fue como una especie de tío favorito para los hijos de mi padre"[173].

---

[173] BIN LADEN, NAJWA; BIN LADEN, OMAR and SASSON, JEAN (2009). *Growing Up Bin Laden. Osama's Wife and Son Take Us Inside Their Secret World*, New York: St. Martin's Griffin, p. 162.

Su muerte, supuso la principal victoria contra Al Qaeda lograda por Estados Unidos hasta ese momento. Resulta lógico pensar que si Al Qaeda estuviese interesada en crear una nuevas siglas para emplear en su acción propagandística, decidiese rendir homenaje a su miembro fallecido más destacado, sobre todo teniendo en cuanta la predilección de Osama.

Sin embargo, la pregunta clave es ¿por qué Al Qaeda estaría interesada en utilizar una denominación diferente? En la historia general del terrorismo existen precedentes de cómo algunos grupos han llevado a cabo reivindicaciones de atentados empleados nombres ficticios para alcanzar objetivos diversos. A veces la intención era desvincularse de un atentado especialmente impopular, sin renunciar, por ello, a la posibilidad de otorgarle una interpretación acorde al ideario del grupo. En otras ocasiones, la utilización de siglas creadas *ad hoc* buscaba entorpecer la acción policial y gubernamental, o transmitir a la opinión pública la percepción de que la lucha armada contra el enemigo está siendo llevada cabo por un pluralidad de organizaciones y colectivos.

En el caso de Al Qaeda, el grupo ha recurrido a esta estrategia en diferentes momentos. En la etapa inicial de Al Qaeda, cuando la organización se encontraba en su estado embrionario, y el propio Bin Laden no deseaba que se conociese el verdadero alcance de su proyecto terrorista, el saudí recurrió a varias plataformas comunicativas para trasladar los mensajes firmados por él mismo. En 1994 Osama Bin Laden creó en Londres el llamado Comité para el Consejo y la Reforma, frente al cual situó al estudiante árabe Khalid al Fawwaz. El Comité proyectaba hacia el exterior la imagen de uno de tantos lobbies de musulmanes disidentes, cuya labor era denunciar al régimen de Arabia Saudí, por considerarlo corrupto e ilegítimo desde el punto de vista islámico. Sin embargo, por la naturaleza de las labores que vino realizando se puede asimilar perfectamente a las encomendadas al brazo mediático de la organización terrorista Al Qaeda[174]. Dicho comité tenía entre sus misiones la de promover la imagen de Bin Laden internacionalmente, remitiendo copias de sus conferencias y escritos para que fuesen odias en las reuniones de radicales de cualquier país, y sirviendo al mismo tiempo de intermediario entre los medios de comunicación y los líderes de la organización terrorista. En fechas tan tempranas como el inicio de la década de los noventa, el Comité para el Consejo y la Reforma ya difundía sus mensajes recurriendo al correo electrónico, una tecnología que aún estaba dando sus primeros pasos, y cuya vigilancia aún no formaba parte de la agenda de las fuerzas de seguridad[175].

Al Qaeda también ha recurrido a siglas ficticias cuando ha necesitado enmascarar la responsabilidad de la organización en las acciones llevadas a cabo por sus miembros. Así, por ejemplo, los mortíferos atentados contra las Embajadas estadounidenses en Kenia y Tanzania en 1998 fueron reivindicado por un miembro del grupo empleando una denominación desconocida hasta el momento: Ejército Islámico para la Liberación de los Santos Lugares. Con esta maniobra de ocultamiento, Al Qaeda fingía

---

[174] (TORRES SORIANO, 2009)

[175] BARI ATWAN, ABDEL (2006). *The Secret History of Al Qaeda*, London: Saqi, p. 127.

cumplir con el acuerdo establecido con los Talibán, según el cual el Emirato Islámico de Afganistán prestaba refugio a Osama Bin Laden y su organización, siempre y cuando este no utilizase su territorio como base para llevar a cabo atentados en el exterior. Osama Bin Laden, no estaba dispuesto a que su estancia en Afganistán fuese un periodo de inactividad terrorista, así que decidió engañar a sus anfitriones empleando diferentes siglas para reivindicar la naturaleza yihadista de sus ataques. Al mismo tiempo, difundía comunicados a su nombre o concedía entrevistas a medios de comunicación donde aplaudía públicamente estas acciones, pero sin atribuirse ningún tipo de responsabilidad en las acciones ejecutadas por "esos hermanos". A pesar de esta triquiñuela, pronto empezó a apuntarse hacia al grupo de Bin Laden, el cual no tuvo reparos en encargar al egipcio Ayman al-Zawahiri que telefonease al periodista Rahimullah Yusufzai, del periódico pakistaní *The News*, para negar la implicación del grupo en los atentados de África[176].

Esta práctica fue mantenida por Al Qaeda incluso cuando quedó desposeída de su santuario afgano, y no existía la necesidad de aparentar que cumplían su acuerdo con los Talibán. Su esperanza de que los radicales afganos volviesen al poder en el corto plazo, les llevó a volver a emplear el nombre de Ejército Islámico para la Liberación de los Santos Lugares para reivindicar el atentado contra la sinagoga de la isla tunecina de Djerba el 11 de abril de 2002.

---

[176] INTELCENTER (2008). *IntelCenter Al-Qaeda Messaging: Attacks Timeline 1992-2007*, Alexandria (VA): Tempest Publishing.

De igual modo, el video con la decapitación del periodista norteamericano Daniel Pearl, secuestrado en Pakistán en enero de 2002, fue reivindicado por un grupo desconocido llamado "Movimiento Nacional para la Restauración de la Soberanía de Pakistán". A pesar de que el ejecutor del asesinato fue el propio Khalid Sheikh Mohammed (KSM), el número tres de Al Qaeda, y responsable de su brazo mediático, el grupo decidió no atribuirse la responsabilidad por varios motivos. En primer lugar, el secuestro había sido una iniciativa de un grupo yihadista local, el cual había ejecutado la operación como una acción de chantaje con rehenes. Sin embargo, cuando se conoció el origen judío de Pearl, Al Qaeda apeló a sus contactos con las redes radicales de Pakistán y a su prestigio tras el 11-S, para apoderarse de la operación. KSM y sus hombres aparecieron en el piso donde habían ocultado al periodista, armados con un cuchillo de carnicero y una cámara de video[177]. Para evitar suspicacias con la organización que inició la acción, decidieron que ningún grupo se lo atribuiría formalmente. Por otro lado, también es posible que ante la incertidumbre de cómo sería recibido este video entre la opinión pública, Al Qaeda decidiese no arriesgarse al vincular su nombre a un producto audiovisual tan espeluznante.

La creación en 2003 de una nueva "marca" llamada Brigadas de Abu Hafs al Masri habría buscado otro tipo de beneficios propagandísticos. Los mensajes del grupo contienen numerosas amenazas explícitas de ataques terroristas, de los cuales se aportan detalles y normalmente se anuncian

---

[177] MINITER, RICHARD (2011). *Mastermind: the many faces of the 911 architect, Khalid Shailk Mohammed,* New York: Sentinel.

como inminentes[178], algo que contrasta con la generalidad de la amenazas que normalmente Al Qaeda emplean en sus mensajes. La mayoría de esas advertencias, sin embargo, no se concretaron en ningún tipo de acción terrorista lo que debilitaba la credibilidad del emisor. Esto explica por qué Al Qaeda podría haber estar interesada en utilizar un nombre auxiliar para lograr un estado de alerta permanente. Algo que resulta útil no sólo para amplificar el poder coercitivo del terrorismo ante la opinión pública, sino también para distorsionar el trabajo de las agencias policiales y de inteligencia, las cuales tienen que desviar sus recursos para hacer frente a esa avalancha de falsas amenazas y distracciones.

Pero la utilidad de las "Brigadas" se podría explicar también en función de la transformación que sufrió Al Qaeda tras su repliegue de Afganistán y la represión internacional tras los atentados del 11-S. Esta nueva "marca" habrían constituido una respuesta a creciente complejidad de las redes yihadistas internacionales, compuestas por individuos que simultanean militancias en diversas organizaciones formales, o que participan en proyectos terroristas específicos, más allá de los vínculos que pudiesen mantener con grupos y organizaciones.

Las Brigadas son un instrumento para interpretar y explotar mediáticamente los proyectos terroristas que no pertenecen en sentido

---

[178] ULPH, STEPHEN (2005). "Abu Hafs Al-masri Brigades: Fraud Or Dissimulation?", Terrorism Focus, Vol. 1 Nº 2. Disponible en: http://www.jamestown.org/programs/gta/single/?tx_ttnews[tt_news]=280&tx_ttnews[backPid]=237&no_cache=1 [Accedido el 05/03/2013]

estricto a unas siglas determinadas. La investigación de los atentados del 11-M ha permitido establecer la vinculación o cercanía de sus principales protagonistas a múltiples organizaciones formales[179] como Al Qaeda (Central), el Grupo Islámico Combatiente Marroquí, y el Grupo Islámico Combatiente Libio. A ello debe sumarse el hecho de que algunos de sus protagonistas habían militado en el pasado en otras organizaciones desaparecidas o fusionadas como es el caso de Allekema Lamari en el Grupo Islámico Armado (GIA), o Rabei Osma "el egipcio" en la Jihad Islámica. Los atentados terroristas no fueron ejecutados de manera exclusiva por ninguno de estos grupos, pero en sentido amplio, todos ellos realizaron algún tipo de aportación. Tras los atentados del 11 de septiembre se generalizó la percepción de que la amenaza yihadista procedía o era controlada de manera exclusiva por Osama Bin Laden y su organización. Sin embargo, la realidad es que incluso en la época donde Al Qaeda disfrutó de su momento de mayor influencia y control sobre otras organizaciones, un buen número de ellas mantuvo su independencia organizativa y su propia identidad. A pesar de que todos estos grupos se enmarcaban dentro de un movimiento común que compartía objetivos y métodos, el universo radical también se ha visto afectado por múltiples rivalidades, rencillas y personalismos que han impedido la integración efectiva en una única organización que acaparase toda la actividad yihadista internacional. En ocasiones, el deseo de mantener una identidad propia y diferenciada, ha restado eficacia a estos grupos, llevándoles incluso a adoptar estrategias que ponían en peligro su propia supervivencia. Uno de los casos más claros fue el del Irak posterior a la invasión estadounidense

---

[179] (REINARES, 2010).

de 2003, donde decenas de organizaciones insurgentes, que compartían el deseo de expulsar de manera humillante a las tropas estadounidenses, no sólo fracasaron a la hora de fusionar sus estructuras, sino que algunas de ellas se enzarzaron en una dura competición por extender su ámbito exclusivo de control territorial y lograr la mayor afluencia de donaciones, voluntarios y armas. En algunos caso, como sucedió con el grupo de Abu Musab Al Zarqawi, trató de imponer violentamente su supremacía sobre el resto de organizaciones, asesinando a los miembros de aquellas organizaciones que se resistían a subordinarse a Al Qaeda en Irak[180].

La multiplicidad de afiliaciones y lealtades de los individuos que tomaron parte en los atentados de Madrid hubiese hecho muy difícil el acuerdo para que una única organización se hubiese atribuido como propios los ataques. Máxime cuando dicha reivindicación hubiese dotado de un protagonismo y credibilidad a ese grupo que hubiese eclipsado al resto de organizaciones participantes. La reivindicación de los ataques en nombre de las Brigadas Abu Hafs al Masri, suponía una solución que evitaba las posibles desavenencias, y que permitía transmitir el mensaje que la acción había sido llevada a cabo por los muyahidín en defensa de las comunidades musulmanas "masacradas" en Irak, Afganistán y otros escenarios de la yihad.

---

[180] TORRES SORIANO, MANUEL R. "El fin de la yihad en Irak y la transformación de la amenaza terrorista" en JORDAN, JAVIER; POZO, PILAR. y G. GUINDO, MIGUEL. (2010). *Terrorismo sin fronteras. Actores, escenarios y respuestas en un mundo global*, Madrid: Aranzadi, pp. 55-71.

Otra importante ventaja de la utilización de la "marca" Brigadas Abu Hafs Al Masri viene dada por la inmediatez de su actividad comunicativa, a diferencia de lo que sucedía con los procedentes de Al Qaeda. Si bien, los mensajes de las Brigadas son exclusivamente breves cartas manuscritas enviadas instantáneamente por e-mail o fax, en el caso de "Al Qaeda organización", sus productos suelen ser más elaborados, adoptando la forma de discursos grabados en audio, o de videos cuidadosamente editados, algunos de los cuales se remiten directamente a los medios de comunicación. Por motivos de seguridad los mensajes de Al Qaeda emplean un enrevesado proceso de distribución a través de correos humanos que generalmente consume varias semanas hasta llegar a la opinión pública. Esta dualidad, permite que las Brigadas interpreten de manera instantánea un atentado o suceso, a la espera de que el producto final de Al Qaeda sea elaborado y distribuido. Así, por ejemplo, las "Brigadas" reivindicaron la autoría de los atentados del 7 de Julio de 2005 en Londres el mismo día de su realización. Sin embargo, el video reivindicativo creado por Al Sahab Institute for Media Production, el brazo propagandístico de Al Qaeda, donde aparecía el testamento audiovisual de uno de los autores, no llegaría a la redacción de la cadena de televisión *Al Jazeera* hasta el 1 de septiembre.

La ausencia de detenciones relacionadas con las Brigadas puede deberse al hecho de que la gestión de este nombre requiere el concurso de una única persona, o un reducido grupo, que mantiene un contacto virtual con el liderazgo de Al Qaeda situado en la región Af-Pak. Así, por ejemplo, un informe de la policía española señalaba que el e-mail remitido al periódico

Al Quds al Arabi, donde se reivindicaba los atentados, fue enviado desde Irán, aunque técnicamente podía haber sido elaborado también en Yemen, Egipto o Libia[181].

Es posible que por motivos de seguridad, dicho contacto no sea permanente, ni instantáneo, sino que simplemente se gestione a través de la delegación de Al Qaeda en una única persona, que actúa con un gran margen de autonomía, aunque siempre dentro de unas orientaciones estratégicas y doctrinales. Esto explicaría, por ejemplo, que ante la imposibilidad de obtener confirmaciones inmediatas por parte de Al Qaeda, la persona o personas que gestionan la marca "Brigadas" hubiesen interpretado de manera errónea como acciones yihadistas sucesos fortuitos como los apagones eléctricos en Norteamérica y Reino Unido, o el accidente aéreo de Kenia. Que esta "marca" hayan desplegado su acción comunicativa sin supervisión directa de Al Qaeda, también explicaría por qué sus comunicados poseen un estilo literario muy particular lleno de hipérboles y agresividad verbal. Algo que contrasta con el tono mantenido por el grupo fundado por Bin Laden en sus mensajes, el cual generalmente busca una solemnidad poco proclive a estos excesos verbales.

Por otro lado, la secuencia de eventos de los atentados del 11-M aporta evidencias sobre la más que probable conexión de los autores con la acción comunicativa de las Brigadas Abu Hafs Al Masri. El atentado no sólo fue reivindicado por ellas, sino que también fue objeto de un segundo comunicado enviado por fax al periódico londinense en árabe *Al Hayat* y

---

[181] (REINARES, 2010: 96)

una copia por e-mail a *Al Quds al Arabi*, donde se anunciaba una tregua con motivo de los resultados electorales en España:

"(…) hemos dado al pueblo español la elección entre la paz y la guerra y ha elegido la paz votando por el partido que se puso de pie contra la alianza con Estados Unidos en su guerra contra el Islam (…) Nuestros liderazgo ha decidido detener todas las operaciones en la tierra de Al Andalus contra los objetivos civiles hasta que estemos seguros de la dirección que el nuevo gobierno adopta, el cual ha prometido retirar la tropas de Irak, y debemos estar seguros de que no hay interferencias del nuevo ejecutivo en los asuntos de los musulmanes."

El comunicado fue enviado también a través de la lista de distribución del Global Islamic Media Centre el 18 de marzo con el título de "Notificación a la Nación respecto a la suspensión de las operaciones en las tierras de Al Andalus". El documento fue descargado al día siguiente por Jamal Ahmidan "El Chino" desde su portátil.

Sin embargo, lo más interesante es que en el segundo mensaje divulgado por la célula de Madrid el 3 de abril en forma de una carta manuscrita por "el Tunecino" y que fue enviada por fax al periódico *ABC* se anunciaba lo siguiente:

"Después de que el Estado español haya continuado con sus injusticias y agresiones sobre los musulmanes, con su envío de nuevas tropas a Irak y su intención de enviar más efectivos a Afganistán (...) Nosotros, el «Batallón de la Muerte», anunciamos la anulación de la anterior tregua y damos de plazo al pueblo y al Gobierno de España hasta el mediodía del próximo domingo (...) para que se satisfagan nuestras siguientes reivindicaciones legítimas:"

Sin embargo, la célula local no había emitido por sí misma ninguna tregua, sino que asumió como propia la declarada por las Brigadas Abu Hafs, considerando que el anuncio del nuevo gobierno de retirar las tropas españolas de Irak, al tiempo que incrementaba los efectivos en Afganistán, constituía una violación de los términos de la tregua.

A esta secuencia de comunicados habría que añadir un enigmático mensaje difundido por un miembro de Al Qaeda en octubre de 2003, y que sólo cobraría significado a raíz de los atentados del 11-M. Se trata de los intercambios de correos electrónicos entre Abu Mohammed al-Ablaj y el diario londinense en árabe *Al Majallah*. En febrero de 2003, este individuo envió una serie de correos electrónicos a uno de los corresponsales del periódico presentándose asimismo como un comandante de Al Qaeda encargado de "supervisar" los "centro de entrenamiento de los muyahidín". En principio el diario de propiedad saudí se negó a publicar los mensajes de Al Ablaj debido a la imposibilidad de confirmar su autenticidad. Sin embargo, en las primeros correos electrónicos este miembro de Al Qaeda anunció una inminente operación de su organización contra un país del Golfo, la cual sería reiterada 48 horas antes de los ataques terroristas del 12 y 13 de mayo en Riad, lo que llevó a este periódico a otorgar credibilidad a Al-Ablaj como portavoz de Al Qaeda. Si inició así un abundante interacción con el periódico *Al Majallah*, el cual recogía en forma de entrevista el intercambio de correos electrónicos que este miembros de Al Qaeda mantuvo con uno de los redactores de este medio.

Las palabras de Al Ablaj son relevantes en la historia del 11-M por dos motivos. En primer lugar, porque a través de este medio se preguntó por primera (y única vez) la opinión de Al Qaeda sobre la existencia de las Brigadas Abu Hafs Al Masri[182]. El periodista Mahmud Khalil le cuestionó sobre el episodio más controvertido del historial comunicativo de estas siglas: "¿Qué evidencias tienes de que vosotros estáis tras el corte eléctrico en los Estados Unidos? ¿Cuál es la verdad sobre las Brigadas Abu Hafs Al Masri?"

Al-Ablaj se mostró ambiguo y le dijo "Hermano, nuestra prueba de que nosotros fuimos los perpetradores está en la información publicada por Al Majallah según la cual tenemos "manos secretas con ojos azules en los Estados Unidos". Con este respuesta, Al Ablaj lejos de desvincularse de la reivindicación de los atentados, prefería asumirlos aludiendo a unos enigmáticos miembros de Al Qaeda, que según sus propias palabras en una entrevista anterior, habían sido reclutados entre individuos con rasgos occidentales, lo que les permitía actuar en el corazón del territorio sin despertar sospechas. Según Al Ablaj, para Al Qaeda "los autores no nos

---

[182] WORLD NEWS CONNECTION (2003). "Transcript: Al-Qa'ida's Abu-Muhammad al-Ablaj on Bin Ladin, Weapons, US Targets", *Why War?*, September 21. Disponible en: http://www.why-war.com/news/2003/09/21/alqaidas.html [Consultado el 05/0372013]

interesan tanto, como la acción en sí misma. Lo importante es que los Estados Unidos están siendo golpeados y quemados, tanto si lo admiten como si no".

Sin embargo, lo más significativo de su respuesta es su silencio sobre las Brigadas. Ni una sola palabra de la cual pudiera deducirse un cuestionamiento de su existencia, ni siquiera su carácter diferenciado con respecto a Al Qaeda. A lo que se añadía su empecinamiento en otorgar credibilidad a uno de las reivindicaciones más polémicas de las Brigadas.

El segundo episodio de importancia para la historia del 11-M, es una entrevista posterior del 26 de octubre de 2003, que resultaría profética:

> "El tiempo corre rápido. Estamos preparándonos para un gran día en la región árabe y en un lugar en los países occidentales que Abu Abdallah [refiriéndose a Bin Laden] se refirió en su mensaje al pueblo americano (…) Ellos serán los objetivos de nuestros ataques como parte de nuestros planes cuya implementación se ha convertido en inminente"[183]

Con ello volvía a aludirse al mensaje de Osama Bin Laden en Al Jazeera el 19 de octubre de 2003, en el cual se amenazaban explícitamente a España

---

[183] WORLD NEWS CONNECTION (2003). "Qaeda Leader: Meetings Held to Carry Out bin Laden's Threats", *Why War?*, October 26. Disponible en: http://www.why-war.com/news/2003/10/26/qaedalea.html [Consultado el 05/0372013]

junto a otros cinco países que formaban parte de la coalición militar en Irak liderada por los Estados Unidos.

Unos improvisados propagandistas

A las 19:30 del 11 de marzo de 2004 el periodo londinense en árabe *Al Quds al Arabi* recibía un e-mail reivindicando los ataques de Madrid en nombre de las Brigadas Abu Hafs al Masri. La llegada del correo había sido anticipada horas antes al editor de la publicación a través de una llamada de teléfono anónima procedente de un país del Golfo Pérsico.

Este periódico había dado cabida en sus páginas a los comunicados de Al Qaeda desde la década de los noventa, y atribuyó inmediatamente credibilidad a este nuevo mensaje de las Brigadas de Abu Hafs al Masri/Al Qaeda donde se afirmaba:

"Las Brigadas de Abu Hafs al Masri prometieron en su último comunicado (...) que se preparaban para próximas operaciones y hemos cumplido nuestra promesa: el escuadrón de la muerte ha conseguido penetrar en la profundidad de la Cruzada europea, golpeando a uno de los pilares de los Cruzados y sus aliados: España, con un golpe doloroso. Es parte de un viejo ajuste de cuentas con el Cruzado España, aliado de América en su guerra contra el Islam. ¿Dónde está América, Aznar? ¿Quién os protegerá de nosotros a ti, a Gran Bretaña, a Italia, a Japón y a otros agentes? (...) Sacadnos las manos de encima, liberad nuestros presos y salid de nuestra tierra, os dejaremos en paz.

(…)"

La estrategia comunicativa de los terroristas se vio truncada por un hecho inesperado: el gobierno español apuntó desde un primer momento hacia la organización terrorista ETA como principal sospechosa de los ataques contra los trenes. Esta postura, defendida abiertamente por los responsables políticos de la investigación policial, condicionó decisivamente a la opinión pública española.

Desde la perspectiva de algunos medios de comunicación nacionales el comunicado yihadista era abiertamente falso, para otros sólo sirvió para plantear otra hipótesis factible, pero no cerraba el debate sobre quienes estaban detrás de la masacre de Madrid. La credibilidad de las "Brigadas", y su vinculación con este atentado, fue puesta en duda incluso por el Centro Nacional de Inteligencia en una "Nota Informativa"[184] remitida al gobierno el 12 de marzo, donde apuntaba que "la existencia real, configuración y grado de vinculación con Al Qaeda de esta estructura islamista (…) no ha podido ser establecida con exactitud por ningún servicio de inteligencia occidental". El servicio de inteligencia incluso dudaba de que realmente fuese las propias Brigadas las autores del escrito teniendo en cuenta que aparecían fragmentos literales de otros comunicados anteriores: "Resulta

---

[184] CENTRO NACIONAL DE INTELIGENCIA (CNI) (2004). "Valoración del presunto comunicado de Al Qaida reivindicando el atentado de Madrid", *Nota Informativa*, 12 de marzo de 2004. Disponible en: http://estaticos.elmundo.es/documentos/2004/03/18/11m-comunicado_alqaeda.pdf [Consultado el 05/0372013]

altamente probable que el comunicado de la reivindicación haya sido efectuado por una persona efectivamente vinculada a la Jihad Internacional, pero carente del predicamento suficiente en la organización para actuar en su nombre"

Este escepticismo supuso un claro contratiempo para los planes de los terroristas, los cuales deseaban vincular el atentado con las elecciones generales que se celebrarían tres días más tarde. Es probable que los responsables de los atentados, ni siquiera concibieran la posibilidad de que su acto pudiese ser interpretado de ninguna otra forma, lo que explica que no incluyeran en el comunicado ningún elemento probatorio que reforzase la credibilidad de la reivindicación. Los terroristas del 11-M tampoco siguieron el ejemplo de otros grupos que filman en video los actos preparatorios, o la propia ejecución del atentado con la intención de insertarlos en futuras producciones audiovisuales.

Este contratiempo, llevó a la célula del 11-M a asumir precipitadamente una función que no formaba parte de sus planes originales: la de propagandistas. A toda prisa, el mismo día del atentado empezaron a preparar una reivindicación distinta a la efectuada por las Brigadas Abu Hafs al Masri. Era necesario acabar con las especulaciones sobre la autoría de este atentado a través de un nuevo mensaje que dejase constancia de la naturaleza yihadista de los ataques contra los trenes. Para ello prepararon una declaración que fue leída por un portavoz ataviado con vestimentas blancas (simbolizando la preparación para el martirio), y cuyo rostro estaba oculto por una gorra con orejeras y unas gafas de sol para evitar ser reconocido. En una mano portaba un folio con el discurso y en la otra una vieja ametralladora. Sin embargo, la premura con la que los terroristas tuvieron que agenciarse este atuendo, les llevó a pedir a Naima[185], la hermana de los miembros del grupo Rachid y Mohmaed Oulad, que les prestase su propia ropa árabe de mujer. Además de este peculiar atuendo decidieron añadir algo de escenografía y colgaron en la pared una tela a modo de bandera con la inscripción en blanco de la *shahada*:"No hay más dios que Alá y Mahoma es su profeta". La premura les impidió encontrar una tela negra, un color que junto al credo de fe se había convertido de facto en la insignia del movimiento yihadista[186]. En sustitución utilizaron una tela oscura de color verde. Con ella a sus espaldas, Rachid Oulad se puso delante de la cámara y leyó un mensaje en nombre de Abu Dujana al Afgani[187], "portavoz del brazo militar de Ansar Al Qaeda en Europa":

"Declaramos nuestra responsabilidad de lo que ha ocurrido en Madrid, justo dos años y medio después de las benditas incursiones de Nueva York y Washington, estamos respondiendo a vuestra alianza con las organizaciones de la

---

[185] MARLASCA, MANUEL y RENDUELES, LUIS (2007). *Una historia del 11-M que no va a gustar a nadie*, Madrid: Temas de Hoy, p. 50.

[186] La preferencia por este color tiene su origen en un Hadiz (una narración sobre los dichos y hechos del Profeta relatados por sus coetáneos) que dice: "Si ves las banderas negras que vienen del Khurasan [Afganistán], únete al ejército, incluso si tienes que deslizarte por el hielo, ningún poder podrá detenerlos hasta que alcancen Jerusalén, y alcen sus banderas". La autenticidad de este Hadiz ha sido puesta en duda por reputados clérigos, algo que no ha impedido que los miembros de Al Qaeda lo hayan citado abundantemente a modo de profecía que empieza a cumplirse. Véase: SOUFAN, ALI (2011). *The black banners: the inside story of 911 and the war against Al-Qaeda*, New York: W.W. Norton & Co. (p.17)

[187] Abu Dujana fue un guerrero islámico de Medina a las órdenes de Mahoma. Proclamó que durante la batalla estaría en los lugares de mayor peligro. Para que pudiera ser distinguido colocaba un pañuelo rojo en la cabeza.

criminalidad mundial, las de Bush y sus seguidores en matar a nuestros hijos y hermanos en Irak y Afganistán. Hoy sufrís la muerte en vuestras tierras, y todavía os guardamos más, si Dios quiere. (…) si no cesáis de tratar a los musulmanes con injusticia y de matarles con la excusa de combatir al terrorismo, derribaremos vuestras casas sobre vosotros, y dejaremos que fluya vuestra sangre como ríos. Ya os hemos preparado algo que os causará rabia, y estos benditos ataques no son sino una pequeña muestra, y un aviso de parte nuestra, desde la sede de nuestra yihad contra vuestro terrorismo, hasta que salgáis humillados de nuestra tierras, arrastrando la frustración, tal y como ocurrió con vuestro Faraón en Somalia y el Líbano. (…)"

Cuando la traductora de la policía visionó la grabación no pudo evitar comentar a los agentes: "Ese que lee reivindicando el atentado es un idiota. Lleva ropa de mujer"[188].

La célula decidió esperar un par de días para hacer público el video, con objeto de que la noticia coincidiese con la finalización de la jornada de reflexión previa a las elecciones del domingo. De ese modo, la lectura yihadista de los atentados sería la principal información que los españoles tendrían en mente a la hora de ir a votar a sus futuros gobernantes.

A las 19.30 del 13 de marzo, un individuo hablando en español con un marcado acento árabe llamó a los estudios de la cadena de televisión

---

[188] Idem. p. 51.

Telemadrid y dijo a la operadora: "si quieren saber lo que ha pasado el día 11 de marzo, hemos dejado una cinta de video entre la mezquita de la M-30 y el kiosco de helados en una papelera"[189]. El interlocutor advertía de que "tenéis diez minutos para recogerla o se la damos a otros". Uno de los miembros del grupo llegó a escribir a mano en la cinta mini DV depositada en la papelera el mensaje "Muy urgente". Cabía el riesgo de que este medio de comunicación no se hiciese eco de la noticia, lo que habría obligado a los terroristas a intentarlo rápidamente con otros canales. Para ello deberían haber recuperado la cinta, puesto que era la grabación original procedente de la cámara de video, y los terroristas no habían realizado ninguna otra copia del comunicado.

Cabe plantearse las siguientes cuestiones: ¿Por qué la célula del 11-M no utilizó Internet para difundir su video de reivindicación? ¿Por qué se sometió a la intermediación de un medio de comunicación? ¿Por qué no fue enviado directamente a las propias Brigadas Abu Hafs al Masri?

Aunque sólo nos resulta posible especular con las posibles respuestas, es bastante probable que la razón se encuentre en un cúmulo de limitaciones materiales.

Por un lado, existían una serie de limitaciones de carácter logístico, y posiblemente de capacitación técnica de los terroristas que hacían especialmente difícil subir ese contenido al ciberespacio. La grabación fue

---

[189] AUDIENCIA NACIONAL. JUZGADO CENTRAL DE INSTRUCCIÓN NÚMERO 6. (2006) Auto de Procesamiento (Sumario 20/04), 10 de abril. p. 340.

efectuada con una cámara de video analógica, cuyas imágenes son granadas en cintas de formato Mini DV que se insertan dentro de la propia cámara. Eso implica que como paso previo para subir ese video en Internet, hubiese sido necesario disponer de un dispositivo de conversión de cintas analógicas a archivos digitales. La edición de video digital es una operación muy exigente para cualquier equipo informático. Teniendo en cuenta, que a principios de 2004 la capacidad de procesamiento de datos era mucho más reducida que la actual, y el tipo de equipos que la célula tenía a su disposición, este proceso hubiese supuesto una operación de varias horas en el mejor de los casos. Por otro lado, es posible incluso que los componentes de la célula desconociesen como llevar a cabo esta conversión, o esta les resultase muy tediosa.

Resulta muy significativo cómo se produjo la grabación del segundo comunicado en video, que no pudo ser difundido debido a que antes de que esto se produjera, el núcleo principal del grupo fue rodeado en un piso de Leganés, y estos decidieron suicidarse colectivamente detonando explosivos. Este segundo mensaje se encontraba igualmente grabado en dos cintas mini DV, una de ellas contenía una versión completa, y la otra una "toma falsa": un intento que había sido abortado por la explosión accidental de una bombilla durante la grabación. Ambas cintas serían recuperadas por la policía en el desescombro del piso de Leganés. En este nuevo producto audiovisual, la labor de portavoz la ejerce el impulsivo Jamal Ahmidan "el chino", cuya mujer, hermanos y primos habían sido detenidos por la policía el 26 de marzo, circunstancia que tal vez explicase su deseo de participar en esta nueva grabación al día siguiente[190]. En el video aparece enmascarado y franqueado por los hermanos Oulad que también ocultaban su identidad. Todos vestían ropas árabes y posaban delante de la misma bandera de elaboración casera que se utilizó en el primer video. En sus manos portaban armas y lo que se podía deducir que era el detonador del cinturón de explosivos que portaban.

Los terroristas contaron en esta ocasión con mucho más tiempo para elaborar su nuevo producto propagandístico, y decidieron que a diferencia del primer video reivindicativo, incorporarían una infografía elaborada por ordenador. Este montaje pudo ser hallado también por los investigadores en uno de los discos duros procedentes del piso donde la célula se hizo volar por los aires. En ese video y bajo el título de "Spain Explosions", se realiza un montaje con mensajes en árabe e inglés junto con fotografías de víctimas musulmanas, y líderes políticos occidentes como Bush, Aznar o Blair: "Las explosiones de España. ¿Por qué? Las imágenes pueden hablar más que todas las palabras. Esto es lo que los ocupantes hicieron y siguen haciendo en Irak", y una voz en off que afirma: "Lo que os pasa y os pasará no es terrorismo, es justicia".

Se trataba de un montaje sencillo que puede realizarse utilizando algún software comercial de uso gratuito. Sin embargo, lo significativo, es la forma de anexar la infografía a la grabación del discurso de "el chino". El autor grabó desde la cámara a los encapuchados, pausó la grabación, y acto seguido, grabó con la cámara la pantalla del ordenador donde se estaba

---

[190] (MARLASCA y RENDUELES, 2007: 59)

reproduciendo el montaje fotográfico. Esta operación, sólo tiene sentido si no se puede, o se desconoce cómo editar informáticamente un video. El producto resultante posee una pésima calidad debido a la escasa nitidez de las imágenes captadas directamente de la pantalla de ordenador, a lo que se une el continuo temblor de la imagen, debido a que el cámara, en vez de utilizar un trípode, estaba sosteniendo a mano alzada el aparato. De hecho, el único efecto gráfico que contiene el video final, y que se utiliza para unir ambos fragmentos es el llamado efecto cortinilla (wipe-door), el cual se realizó desde la propia cámara de video.

Incluso en el supuesto de que los terroristas hubiesen dispuesto de un archivo informático con el video reivindicativo, hubiesen seguido existiendo dificultades en el proceso de difusión a través de Internet. El envío a través de un correo electrónico, no hubiese sido factible, debido a que los formatos de archivo de video disponibles en esta época, independientemente de su duración, excedían con creces el tamaño máximo de los archivos que se podían enviar a través de cualquier cuenta de e-mail. En 2004 aún no existían mecanismos rápidos de publicación de videos en Internet. Así, por ejemplo, el popular portal *Youtube* no iniciaría su andadura hasta 2005. La única alternativa en esta época, era enviarlo en algunas de las páginas que ofrecen un servicio de alojamiento de archivos, o disco duro virtual. En marzo de 2004, este tipo de servicios estaban dando aún sus primeros pasos. Las conexiones domésticas de Internet aún no habían alcanzado las velocidades que en años posteriores permitirían que la transferencia de archivos voluminosos en Internet fuese una operación rápida y sencilla. Los portales disponibles empleaban demasiado tiempo en subir los archivos, el procedimiento era engorroso y generalmente sólo ofrecían el servicio a usuarios de pago. No sería hasta marzo de 2005, cuando, por ejemplo, el controvertido portal Megaupload popularizaría estos servicios, ofreciendo un servicio gratuito y simple.

Por otro lado, la célula del 11-M hubiese tenido que decidir a quién o quienes remitir el enlace del archivo, o donde publicar el acceso. Teniendo en cuenta el papel que hasta el momento habían ejercido las Brigadas Abu Hafs al Masri, perece que eran las destinatarias más obvias. Sin embargo, desde su primer mensaje público a mediados de 2003, las "Brigadas" nunca habían remitido un mensaje en video. Sus comunicados se limitaban a mensajes escritos enviados a la prensa escrita en árabe, o distribuidos a través de la lista de distribución del Global Islamic Media. Aunque, los responsables de las "Brigadas" hubiesen decidido iniciar una nueva etapa audiovisual, resulta lógico pensar que estos decidiesen revisar, editar o incluso estampar su propio sello en el video elaborados por la célula de Madrid. Esto hubiese dilatado aún más la reivindicación, impidiendo que llegase de manera inmediata a la opinión pública internacional. Así, lo reconocían las propias Brigadas en su comunicado del 17 de marzo de 2004:

"(…) queremos decirles a los que se sorprendieron por la rapidez de la publicación del comunicado cuando la batalla de Madrid que se dan otras circunstancias (…) hay algunas operaciones que se comunican con cierto retraso por motivos políticos o de seguridad…en el caso de la batalla de Madrid, el factor tiempo era muy importante para acabar con el gobierno del despreciable Aznar (…)"

Los terroristas de Madrid, eran usuarios habituales de los foros yihadistas de Internet, donde descargan no sólo contenidos doctrinales, sino también videos elaboradas por organizaciones yihadistas ¿Por qué no enviar ahí su video? Esta opción no hubiese resultado tan fácil. Por un lado, aunque es muy probable que alguien de la célula fuese un usuario registrado de estas páginas, eso no implica necesariamente poseer los privilegios de publicación en estos portales. Dichas facultades están reservadas a los internautas que poseen la condición de "administrador", lo que les permite resaltar ese contenido sobre el resto, ubicarlo en el directorio de "comunicados oficiales", u otorgarle un lugar privilegiado dentro del foro. Su post hubiese sido uno más de los cientos mensajes que los "usuarios de base" cuelgan a diario en estos espacios. Aunque es inevitable que dicho contenido hubiese terminado llegando a los grandes medios de comunicación, posiblemente a través de la monitorización de estos espacios por empresas especializadas y servicios de inteligencia, lo cierto, es que esto no se hubiese producido de manera instantánea tal y como deseaban sus autores. Este proceso se hubiese visto incluso ralentizado por las medidas de protección adoptadas por algunos de los principales foros, los cuales vetan el acceso a los internautas que no se han registrado previamente.

Tampoco es descartable que los terroristas de Madrid hubiesen desechado Internet como medio de difusión por razones de seguridad. El envío del archivo hubiese podido dejar tras de sí un posible rastro digital hasta el domicilio donde se llevara a cabo la conexión a Internet. Haberlo realizado desde una conexión pública, como un ciber-café, también hubiese sido una exposición peligrosa debido a que la operación hubiese requerido horas de conexión frente a testigos incómodos.

Es posible incluso que la célula del 11-M no contemplase ni siquiera la posibilidad de utilizar Internet para llegar a la opinión pública. Los terroristas, al igual que el resto de la sociedad, no siempre eligen el cauce de actuación más racional desde el punto de visto de sus costes y beneficios. Los planes terroristas también están condicionados por una serie impulsos, prejuicios y creencias erróneas que les puede llevar a adoptar la estrategia menos eficaz. Los terroristas del 11-M, no han sido los primeros, ni los últimos, que desecharon Internet como instrumento propagandístico a pesar de sus numerosas ventajas. Así, por ejemplo, el grupo somalí Shabaab al-Mujahideen sólo se decidió a volcar su estrategia comunicativa en Internet en 2007, tras haber sufrido los desaires de la cadena de televisión *Al Jazeera*, la cual se negó sistemáticamente a publicar los videos que este grupo continuamente le remitía para su inclusión en los noticiarios[191].

---

[191] TORRES SORIANO, MANUEL R (2009). "Terrorismo Yihadista y nuevos usos de Internet: la distribución de propaganda", *Análisis del Real Instituto*, 110/2009, 9 de julio. Disponible en:
http://www.realinstitutoelcano.org/wps/portal/rielcano/contenido?WCM_GLOBAL_CONTEXT=/elcano/elcano_es/zonas_es/terrorismo+internacional/ari110-2009
[Accedido el 05/03/2013]

En fechas más recientes, y dentro de un entorno tecnológico que hace aún más accesible y útil el uso de esta tecnología, también encontramos ejemplos desconcertantes de terroristas que no recurrieron a este instrumento, lo cual provocaría el fracaso parcial de sus planes. Uno de los ejemplos más claros, es el de Mohammed Merah, el terrorista que mató en tres ataques con pistola a siete personas, incluyendo tres niños judíos en la localidad francesa de Toulouse. Merah adosó a su cuerpo una pequeña cámara de video con la intención de grabar todos sus ataques, y utilizarlos en la edición de un video reivindicativo. Merah, antes de ser cercado y abatido por la policía, tuvo tiempo de montar un video propagandístico con esas imágenes, junto a cánticos y versos del Corán. Sin embargo, en vez de colgar el video en Internet, lo que hubiese garantizado que el video fuese descargado miles de veces, imposibilitando su desaparición, decidió enviar por correo postal el archivo dentro de un lápiz de memoria a la cadena *Al Jazeera*, la cual decidió no emitir las imágenes, quedando frustrada así la explotación propagandística de sus crímenes.

PARTE II

QUIÉNES SON LOS CIBER-YIHADISTAS ESPAÑOLES

En esta parte del libro se realiza un repaso a las operaciones llevadas a cabo por fuerzas de seguridad españolas contra individuos cuya vinculación con el terrorismo se ha efectuado principalmente a través de Internet. Se trata de un pequeño subgrupo dentro de las más de 500 personas[192] que en algún momento han sido detenidas en España por sus presuntas relaciones con el yihadismo violento.

Con el paso de los años y a medida que esta tecnología ha ido madurando e incrementando su penetración en la sociedad, Internet ha jugado un papel más importante en las actividades de los partidarios de la violencia yihadista. Posiblemente algunos de las células desarticuladas a finales de los noventa y principios del milenio hubiesen replanteado sus actividades de haber tenido a su alcance algunas de las potencialidades que actualmente Internet ofrece.

---

[192] Es necesario aclarar que no todas las detenciones por delitos de terrorismo yihadista practicadas en España se han saldado con imputaciones en procesos judiciales, siendo elevado el número de ellos que queda en libertad sin cargos tras las pesquisas policiales. De igual modo, el porcentaje de absoluciones de los individuos que finalmente deben comparecer en un proceso judicial ha superado el 40%, situándose muy por delante de las absoluciones que, por ejemplo, se dictan en el caso del terrorismo de ETA (20%). Estos datos reflejan la distinta y a veces contrapuestas percepción existente entre los responsables judiciales y policiales sobre la carga probatoria de los indicios recabados en las operaciones contra el terrorismo yihadista en España. Véase: LÓPEZ-FONSECA, OSCAR (2012). "Muchos detenidos, pocos condenados: el 43% de los yihadistas sale finalmente absuelto", *Voz Populi*, 21 de septiembre. Disponible en: http://vozpopuli.com/nacional/14400-muchos-detenidos-pocos-condenados-el-43-de-los-yihadistas-sale-finalmente-absuelto [Accedido el 05/03/2013]; PONTE, MARÍA (2012). "Análisis de las últimas resoluciones judiciales sobre difusión del ideario yihadista como delito", *GESI*, 19 de Mayo. Disponible en: http://seguridadinternacional.es/gesi/es/contenido/analisis-de-las-ultimas-resoluciones-judiciales-sobre-difusion-del-ideario-yihadista-como [Accedido el 05/03/2013]

Así, por ejemplo, una de las funciones desempeñadas por la llamada "red de Abu Dahdah", la célula de Al Qaeda en España desarticulada en 2001, era la de realizar proselitismo para reclutar a nuevos miembros que eran enviados a campos de entrenamiento. En la radicalización de los nuevos adeptos jugaba un papel muy importante el consumo de propaganda y materiales doctrinales. Sin embargo, para hacer accesibles estos contenidos, uno de los miembros del grupo, que era propietario de una tienda de fotocopias[193], debía dedicarse a reproducir cientos de veces ejemplares de los comunicados de Bin Laden, folletos del GIA (Grupo Islámico Armado) y de otros grupos, que posteriormente eran difundidos manualmente en mezquitas y centros islámicos de Madrid[194]. Esta célula empezó a atisbar las ventajas que Internet ofrecía para facilitar y potenciar este tipo de tareas. En una comunicación interceptada por la policía española entre Abu Dahdah (Imad Eddin Barakat Yarkas) y el influyente predicador palestino Abu Qutada, este último le comentaba que había publicado su último libro en Internet, ya que por el momento no disponía de dinero para editarlo en formato impreso[195].

Los siguientes perfiles componen un heterogéneo mosaico de individuos que han llegado a la ciber-yihad desde diferentes orígenes y motivaciones.

---

[193] AUDIENCIA NACIONAL. SALA DE LO PENAL (2005). "Sentencia 36/2005 (Sumario 35/01)", p. 83. Disponible en: http://estaticos.elmundo.es/documentos/2005/09/26/sentencia.pdf [Accedido el 05/03/2013]

[194] JORDÁN, JAVIER and HORSBURGH, NICOLA (2005). "Mapping Jihadist Terrorism in Spain", *Studies in Conflict and Terrorism*, Vol. 28 Nº 3, pp. 169-191.

[195] AUDIENCIA NACIONAL. JUZGADO CENTRAL DE INSTRUCCIÓN Nº5. (2003). "Auto de procesamiento. (Sumario 35/01), p. 421.

No obstante, todos ellos han compartido la visión de que Internet es una de los más poderosas armas en manos de los muyahidín.

CAPÍTULO 4: CONVERSOS AL RADICALISMO

> La más peligrosa de las ignorancias proviene de
>
> quienes creen poseer explicaciones para todo.
>
> Milan Kundera (1929-)

Las estimaciones sobre el número de conversos al Islam en España oscilan entre los 50.000 y 75.000 individuos. Constituyen una pequeña minoría dentro de aproximadamente el millón de musulmanes que habitan en el país. Sin embargo, este colectivo ha alcanzado un peso muy destacado entre los que han utilizado Internet como instrumento de apoyo a la yihad terrorista. A pesar de que esta sobrerrepresentación pueda resultar extraña, lo cierto es que es congruente con los números que se registran en el resto de Europa[196], donde los conversos han alcanzado un número significativo dentro de los musulmanes que se han visto relacionados con delitos de terrorismo. Un estudio del Departamento de Policía de Nueva York[197] explicaba esta preeminencia afirmando que los conversos "tendían a ser los miembros más fanáticos de los grupos" porque "necesitaban

---

[196] KARAGIANNIS, EMMANUEL (2011). "Islamic Activism in Europe: The Role of Converts", *CTC Sentinel*, Vol. 8 N° 4. Disponible en:
http://www.ctc.usma.edu/posts/islamic-activism-in-europe-the-role-of-converts
[Consultado el 05/03/2013]
[197] SILBER, MITCHELL D. and BHATT, ARVIN (2007). "Radicalization in the West. The Homegrown Threat", *The New York City Police Department*, p. 29. Disponible en:
http://www.nypdshield.org/public/SiteFiles/documents/NYPD_Report-Radicalization_in_the_West.pdf [Accedido el 05/03/2013]

demostrar sus convicciones religiosas a sus compañeros, lo que a menudo hace de ellos los más agresivos".

Más allá del deseo de sentirse aceptados por su nuevo grupo de referencia, lo cierto es que los "nuevos musulmanes" implicados en delitos de terrorismo poseen una particularidad que los diferencia del resto de personas que abrazan una nueva religión cómo forma de dar plenitud a una necesidad espiritual. Es el hecho de que la mayoría de los conversos desembarcan en el yihadismo sin ningún tipo de transición en otros estadios. Estos sujetos no han experimentado una radicalización progresiva dentro del Islam que les haya llevado a entender que la violencia terrorista es una expresión legítima y necesaria de su nueva fe, sino que desde un primer momento han buscado está versión extrema y minoritaria desechando cualquier otra interpretación. Se da, por tanto, la paradoja de que estos individuos se sienten atraídos por el Islam, no tanto por su dimensión espiritual y trascendente, sino por las posibilidades de legitimar el activismo violento, el sentimiento de victimización y las explicaciones maniqueas propias de una ideología radical.

Algunos llegan al yihadismo precedidos por una biografía muy particular, repleta de intentos fallidos de satisfacer sus necesidades psicológicas de sentirse integrados, o simplemente de tener un propósito claro en sus vidas. Así, por ejemplo, uno de los portavoces habituales de Al Qaeda, el californiano Adam Ghadam conocido como "Azzam el americano", desembarcó directamente en el Islam radical, tras una adolescencia volcada en la tenebrosa música "death metal" y el sincretismo espiritual de un hogar familiar donde se mezclaba las raíces judías del abuelo, la conversión católica de la madre, y un padre ateo que tras su pasado como hippie, se ganaba la vida como carnicero islámico[198].

Uno de los ejemplos más significativos dentro del ámbito español fue el del converso Luis José Galán González "Yusuf Galán", condenado por su pertenencia a la célula de Al Qaeda en España. Antes de abrazar el Islam radical había pasado por un tormentoso pasado de drogadicción y un historial de radicalidad de signo bien diferente. Galán, a pesar de ser asturiano y de tradición familiar militar, había experimentado una "conversión" previa hacia el nacionalismo vasco radical de la organización terrorista ETA, desempeñando la función de interventor electoral de su brazo político Herri Batasuna[199].

Internet se ha convertido en un entorno propicio para los individuos que sólo se sienten atraídos por una versión distorsiona y violenta del Islam. Algunos conversos nunca han acudido a mezquitas, porque en su mayoría son frecuentadas por inmigrantes y no entienden lo que se dice allí al desconocer el árabe. Tampoco interactúan con otros musulmanes, por falta de habilidades sociales o por sentirse incómodos[200]. En cambio, Internet permite dar rienda suelta a esa nueva identidad, sin asumir los costes sociales de la interacción directa con otras personas que pueden

---

[198] TORRES, 2009. El eco…, p. 328.

[199] FIGUERAS, AMANDA (2005). "Yusuf Galán: "no estoy a favor de Bin Laden, sino de la justicia"", El Mundo, 22 de abril. Disponible en: http://www.elmundo.es/elmundo/2005/04/22/espana/1114179468.html [Accedido el 05/03/2013]

[200] BAQUERO, ANTONIO (2008). "Una red de españoles conversos al islam ultra crece en internet", El Periódico de Cataluña, 12 de mayo. Disponible en: http://www.elperiodico.com/default.asp?idpublicacio PK=46&idioma=CAS&idnoticia PK=508519&idseccio PK=1008 [Accedido el 05/03/2013]

cuestionar su conducta. El ciberespacio genera un falso sentimiento de anonimato que fomenta una verdadera "desinhibición online"[201]. Llegan al convencimiento de que pueden ocultar sus identidades permanentemente, y que no tendrán que asumir ninguna consecuencia por sus actos. Al mismo tiempo, pueden interactuar de manera selectiva con aquellos que piensan igual, lo que les permite reforzar sus creencias y sentirse miembros de un importante colectivo, aunque este sólo exista en el ámbito virtual. En este tipo de entornos, las conductas e ideas extremas y desviadas son absorbidas y percibidas como normales debido a las continuas interacciones con personas de su mismo credo. Los planteamientos moderados son expulsados de los foros y páginas web yihadistas, al tiempo que las voces más violentas son amplificadas por el resto del grupo.

Internet les permite proyectar una visión idealizada de sí mismos. En el ciberespacio pueden ser todo lo comprometidos, abnegados y valientes que deseen ser, y sentirse parte de una comunidad que necesita su ayuda, un sentimiento que termina siendo adictivo. Resulta desconcertante que una de las facetas que más atrae a estos sujetos es su recién adquirida condición de víctima. El discurso yihadista apela continuamente al sufrimiento generalizado de la comunidad musulmana, la cual soporta el sometimiento y la agresión de los poderosos enemigos del Islam. Recién llegados a esta fe, muchos de ellos empiezan a denunciar estas injusticias

---

[201] NEUMANN, PETER (2012). "Countering Online Radicalization in America", *Bipartisan Policy Center*, December 4. Disponible en: http://bipartisanpolicy.org/library/report/countering-online-radicalization-america [Accedido el 05/03/2013]

que acaban de heredar y airean un recién descubierto deseo de venganza por los siglos de injusticias sufridas por sus nuevos hermanos.

Los muyahidín son mis nuevos superhéroes

A mediados de 2006 el "grupo de ciber-terrorismo" de la Guardia Civil empezó a prestar atención a los escritos del usuario de un foro islamista en inglés[202] apodado "salaam1420"[203], el cual utilizaba como avatar la fotografía de un miembro enmascarado de Hamas portando un hacha en el hombro. La agresividad verbal de este forero no era muy diferente a la de otros miembros de la página, a excepción de que había afirmado públicamente que se encontraba afincado en España. Esto generó preocupación entre los agentes teniendo en cuenta el contenido de algunos de sus más de 1.500 participaciones en este foro radical. En sus mensajes llegaba a fantasear con la idea de que "Si fuera comandante de los muyahidín, cortaría con un cuchillo pequeño, manteniendo vivo al prisionero durante más de 30 segundos mientras se está tragando su propia sangre"[204]. En otra ocasión aseguró haber "bombardeado" su propia ciudad con pegatinas con la imagen de un fusil de asalto AK-47 que animaban a los

---

[202] http://antiimperialist.16.forumer.com

[203] AUDIENCIA NACIONAL. SALA DE LO PENAL (2010). "Sentencia n° 25/2010", 21 de junio. Disponible en:
http://estaticos.elmundo.es/documentos/2010/06/22/sentencia.pdf [Accedido el 05/03/2013]

[204] MARRACO. MANUEL (2010). "Absueltos de apoyar la 'yihad' en la Red", El Mundo, 23 de junio.

"chicos magrebíes" a apoyar a las "tropas" con la consigna de "No hay más dios que Alá".

Como consecuencia de estas investigaciones en marzo de 2007, la Guardia Civil llevaba a cabo la llamada "Operación Jineta", la cual se saldó con la detención en Zaragoza del español Gonzalo López Royo de 31 años, y en Palma del Condado (Huelva) a su colaborador Fath Allah Sadaq, un joven marroquí de 21 años. Ambos fueron acusados de ensalzar, justificar y difundir públicamente las acciones de organizaciones, personas y actos terroristas. En el momento de su detención ambos participan en la gestión de un foro en español llamado Al-Andalus Islamiya[205].

Estas detenciones dieron a conocer la contradictoria e inmadura personalidad de Gonzalo López, un dibujante aficionado que regentaba una pequeña tienda de cómics en su ciudad natal y que se definía en Internet como un "friki". La identificación de este joven zaragozano no resultó espacialmente compleja, debido a su intensa y despreocupada actividad en el ciberespacio. Gonzalo usaba el mismo *nickname* en los múltiples foros en los cuales participaba, y era completamente cristalino en sus actividades en Internet, donde no sólo facilitaba su fotografía sino que publicaba numerosa información sobre su biografía y actividades.

Su trayectoria vital había sido un continuo peregrinar por diferentes y contrapuestas identidades sobre las que se volcaba en cuerpo y alma. El único común denominador durante esos años había sido su pasión por el dibujo y una peligrosa fascinación por la estética de la violencia, algo que

---

[205] elcalifato.ifastnet.com

trataba de plasmar en sus creaciones gráficas. Tras una etapa como "rapero" y dibujante "underground" empezó a frecuentar las organizaciones autodenominadas "antifascistas". En uno de sus post publicados en el foro de una página web de contenido pornográfico declaraba haber sido víctima de brutalidad policial por haber sido supuestamente "cogido pateando la boca de unos nazis (…) no estaba haciendo nada ni ilegal, ni contraproducente que no se pueda recomendar a cualquier niño. (…) Hay que pillarlos en cuanto se les vea por la calle y reventarlos allí mismo. (…) Que aprendan a coger miedo a seguir con su mierda a fuerza de ingresar en la UVI y en la cárcel."[206].

Gonzalo desplegó una incesante actividad en Internet, participando en múltiples foros donde se convirtió en uno de los usuarios más prolíficos y dispuesto a polemizar sobre los más diversos temas. Muchos de esas conversaciones giraban sobre su vida, o sobre sus ideas para nuevos dibujos y cómics. En estos relatos mezclaba realidad y fantasía. Su huella virtual a través de su apodo Malik1420 está repleta de contradicciones sobre supuestos aspectos claves de su biografía. En 2003 y dentro del foro pornográfico "Putalocura" declaraba[207] que llevaba once años "investigando el Islam" y ocho años siendo "musulmán practicante". Sin embargo, esta supuesta conversión adolescente, que le convirtió en Muhammad Hassan, pasó inadvertida para su reducido círculo social, debido a que no implicó ningún cambio en su estilo de vida. Después de ser detenido confesaría a

[206] http://foro.putalocura.com/foro/foro-general/1346-diario-un-skin-8.html

[207]http://foro.putalocura.com/foro/foro-general/238-putalocura-me-persigue.html#post3976

un periodista que todo lo que sabía del Islam lo había encontrado en Internet buscando una "espiritualidad que el catolicismo no me daba" pero "por vergüenza nunca fui a la mezquita, ni me convertí"[208]. Gonzalo se transformó en un musulmán *sui generis*. Mientras su alter ego virtual pontificaba a otros usuarios que el "Islam es una religión militante y no un simple concepto filosófico como el budismo[209]", la realidad era que su vida cotidiana apenas estaba influenciada por sus nuevas creencias.

Gonzalo creó la página Salaam1420.com, una iniciativa donde pretendía reunir toda su obra como dibujante "activista, político, antirracista e islámico." En esta web podía encontrarse recopilados los dibujos que ya había divulgado en algunos foros, al igual que nuevas creaciones acompañadas de sus propios comentarios. En ella también publicó su perfil biográfico, donde afirmaba que las revueltas raciales de Estados Unidos durante 1992 le llevaron a interesarse por los Panteras Negras, y la figura de Malcom X. Sus lecturas a lo largo de tres años provocaron su conversión: "Entonces comencé a actuar y vivir como un Musulmán". La web contenía también el relato de un pasaje de su vida totalmente ficticio cuyo propósito era dar un tono épico a su proceso de transformación religiosa: "En 1997 la chica africana negra que era mi prometida fue asesinada en un incidente racista, ese fue el más profundo golpe que recibí

---

[208] BAQUERO, ANTONIO (2008). "La 'yihad' del dibujante dual", *El Periódico de Aragón*, 18 de mayo. Disponible en: http://www.elperiodicodearagon.com/noticias/aragon/la-yihad-del-dibujante-dual_410600.html [Accedido el 05/03/2013]

[209] http://foro.putalocura.com/foro/foro-general/238-putalocura-me-persigue.html#post3976

en toda mi vida y una marca que permanecería en mi alma para siempre. Añadiendo todavía más razones para apoyar mis pensamientos e ideología"[210].

Gonzalo empezó a utilizar sus habilidades como dibujante para crear una serie de viñetas de contenido militante. En estos dibujos se glorificaba la actividad de los muyahidín, se ridiculizaba a los que consideraba enemigos del Islam, en incluso se atrevía a aportar su particular versión de lo que supone ser un verdadero musulmán.

En la primavera de 2006 participó en un concurso de viñetas anti-semitas organizado por un periódico iraní. Su aportación consistió en un dibujo que representaba al presidente israelí Ariel Sharon vistiendo un uniforme nazi. Espoleado por la buena acogida que tuvo su creación, empezó a compartir sus bocetos con los usuarios de los foros islamistas que habitualmente frecuentaba. Esto le permitió seguir cosechando el reconocimiento de los internautas radicales, los cuales celebraban su talento y le sugerían posibles temas para sus nuevas creaciones. Se sentía excitado con la idea de que sus dibujos estuviesen siendo utilizados en webs militantes palestinas, lo que incrementó su radicalismo, especialmente cuando escribía en otros idiomas. Así, por ejemplo, en el foro en inglés de las Brigadas Al-Qassam, el "brazo armado" de la organización palestina Hamas, escribía que su "propuesta de paz" para los soldados israelíes era: "decapitarlos"[211]. En este mismo espacio, a pesar de

---

[210] http://www.vayamovida.com/ss1420/Castellano/Bio%28esp%29.html

[211] http://www.almoltaqa.ps/english/showthread.php?p=8342#post8342

no haber pisado nunca una mezquita, no tenía inconveniente en presentarse como un musulmán intransigente dispuesto a denunciar la tibieza a otros musulmanes:

> "En mi país los "musulmanes moderados" son gente que defiende los matrimonios gays, que están en contra de la Sharia, que manda a los jeques a juicio cuando sus enseñanzas se oponen a la constitución nacional. Gente que elabora fatwas contra los muyahidín…"[212]

En sus dibujos mezclaba la estética de los cómics manga, el humor gráfico y la apología de la violencia terrorista. En uno de sus creaciones, se ve, por ejemplo, a un joven kamikaze que, con cara sonriente y el cuerpo forrado de explosivos, muestra el billete con que el que piensa subirse a un autobús israelí. También hizo dibujos donde se ensalzaba la figura de Juba, el francotirador -real o imaginario- al que se atribuyen decenas de bajas entre los militares de EE.UU. en la guerra de Irak.

Uno de los personajes favoritos de este viñetista radical era el saudí Amir Khattab, uno de los líderes emblemáticos de los grupos yihadistas chechenos, al cual consideraba "el guerrillero islámico por excelencia". Gonzalo creía que el mismo tenía un cierto parecido físico con el barbudo Khattab, lo que le llevó a fotografiarse con una vestimenta similar, y a utilizar esa foto como avatar de algunas de sus cuentas de usuario en los

---

[212] http://www.alqassam.ps/vb3/forumdisplay.php?f=20

foros islamistas en español[213]. En su galería de retratos aparecían sujetos aún más "problemáticos", como el sanguinario líder de Al Qaeda en Irak Abu Musab Al Zarqawi, el cual protagonizó personalmente algunos de los más espeluznantes videos de degollamientos procedentes de Irak. Sin embargo, el comentario de Gonzalo sobre el sujeto se limitaba a afirmar que era un "polémico personaje. Muy criticado por sus métodos, desarrollo un movimiento de resistencia que cuenta con 120.000 hombres".

Junto a contenidos que aplaudían y justificaban la violencia terrorista, su página web también era un claro ejemplo de la inmadurez de su autor y su percepción de impunidad. La página alojaba un video donde el propio Gonzalo López aparecía dirigiendo una alocución sentado delante de la tradicional bandera negra yihadista con la *sahada*. La web también poseía apartados destinados a alojar una futura tienda on-line donde podrían adquirirse productos diseñados por él mismo, como "parches islámicos" para coser en la ropa con la "bandera andalusí", o "chapas" con la imagen de su admirado comandante Khattab, o una insignia negra con la frase "Support our Troops" sobrescrita sobre un fusil *kalashnikov* y el credo islámico.

Su particular yihad a través del ciberespacio terminaría arrastrando a su ciber-amigo, el joven marroquí Fath Allah Sadaq, el cual había insertado

---

[213]http://www.islamenlinea.com/foro/viewtopic.php?t=5736&start=30&postdays=0&postorder=asc&highlight=&sid=95660ab4281c0b651f1e0ac66a79bb6f

varios de los dibujos del zaragozano en un video de creación propia en honor a Abu Mussab Al Zarqawi, y que colgaría en el portal *Youtube*.

La Guardia Civil detuvo a Gonzalo cuando este se dirigía a su tienda de cómics, acusándole de **"difusión de ideas que pudieran ser constitutivas de delitos de enaltecimiento y apología del terrorismo"**. A pesar de que en Internet había fantaseado con la idea de estar siendo observado por la policía, el arresto termino desbordándolo. Tiempo después confesaría al periodista Antonio Baquero que había vivido una etapa de "intensa radicalidad" y que en "algún momento había perdido el norte"[214].

La radicalidad que Gonzalo expresó a través de su "yo virtual" se esfumó durante su participación en el juicio por los delitos de apología del terrorismo. En sus declaraciones[215] ya no quedaban rastro de sus duras acusaciones contra los "musulmanes moderados". En la sala defendería que "el Islam es una religión de paz" y que su intención "no era hacer mal a nadie, sino sólo comentar noticias de actualidad de forma positiva y constructiva sin ensalzar nada malo". Sin ningún rubor afirmaría que se trataba solamente de un "simpatizante del Islam", pero que esta no era su religión: "El terrorismo lo condeno de plano a plano, siempre. Yo sería el primero en denunciar un atentado".

---

[214] (BAQUERO, 2008)

[215] EUROPA PRESS (2010). "Un acusado de colgar videos de Al-Qaeda en internet defiende que "un muyahidín jamás puede ser un terrorista", *Europa Press*, 22 de Marzo. Disponible en: http://www.europapress.es/nacional/noticia-acusado-colgar-videos-qaeda-internet-defiende-muyahidin-jamas-puede-ser-terrorista-20100322142330.html [Accedido el 05/03/2013]

La propia defensa de Gonzalo aportó el testimonio de un psiquiatra que afirmaba que el acusado sufría de "un trastorno de doble personalidad", y que su objetivo era "salir de la mediocridad, sin lograrlo". Según el perito, aunque era "consciente de lo que hace, no mide el alcance de sus actos".

Lo que quedaría constatado fue sin duda que la incontinencia verbal que Gonzalo López desplegó a través de la red continuaba intacta incluso durante un periodo tan delicado para su futuro. Unos días después de que el juicio quedase visto para sentencia, escribía[216] en un foro islamista en inglés que el juicio había ido bien, que había hablado con "elocuencia, con sabiduría y con paz en mi corazón. Defendí los actos de los muyahidín cuando sólo llevan a cabo "guerra convencional", defendiendo la tierra y las gentes musulmanas". Según esto, su gran error a lo largo de estos años, era no haber diferenciado esas actividades de la de aquellos otros que "ponen bombas en los mercados llenos de civiles". También informaba que su familia estaba pasando por una mala situación, y que estos llevaban gastados unos 36.000 euros "en abogados".

El tribunal decidió absolver a ambos acusados al entender que la "postura ideológica" que habían mantenido no podía entender como "una línea clara de concreto apoyo a acciones terroristas". A pesar de apreciar el radicalismo de sus planteamientos, los jueces entendieron que sus actos no iban más allá de una "brutalidad expresiva" que no había "traspasado los límites penales".

---

[216] http://www.7cgen.com/index.php?showtopic=8951

Un falso checheno a los pies de La Alhambra

A Christian simplemente le gustaba la guerra. Esta es la razón que le llevó a ingresar como soldado profesional en las fuerzas armadas en cuanto cumplió la mayoría de edad. Sin embargo, prefirió optar por la comodidad de un destino cercano a su domicilio paterno en Granada, y con pocas opciones de ser movilizado en misiones en el extranjero. Las tranquilas instalaciones que posee el Ejército del Aire en la localidad de Armilla, dedicadas principalmente a la formación de pilotos de helicópteros, y su monótono trabajo gestionando los equipos informáticas de la base, distaba mucho de ser el lugar adecuado donde satisfacer su visión idealizada sobre los enfrentamientos bélicos.

No obstante, supo encontrar formas complementarias de seguir alimentando su pasión. Por un lado, participando en competiciones de *airsoft*: un juego de simulación militar, donde varios equipos utilizan réplicas de armas de guerra que disparan pelotas de plástico. Este tipo de simulaciones pueden alcanzar un elevado nivel de realismo, no sólo por la elevada fidelidad de las armas y equipos que se utilizan, sino por la adopción por parte de los jugadores de tácticas y procedimientos militares.

El soldado Christian Peso Ruiz, a pesar de ser una persona que pasaba desapercibida entre sus verdaderos compañeros de armas, se convirtió un referente en el mundo de la guerra simulada. Su implicación le transformó en una verdadera autoridad que dominaba a la perfección todo tipo de detalles y conocimientos de un juego que se inspira en la violencia real. No

171

sólo se dedicaba a organizar nuevas partidas y a planificar los pormenores de cómo se desenvolvería el enfrentamiento, sino que también volcaba su erudición en su otra gran pasión: los ordenadores. Cristian era un colaborador asiduo de los foros de Internet dedicados al *airsoft*, donde sus contribuciones eran admiradas y celebradas por una legión de seguidores que sabían apreciar su dominio del juego, y la autoridad que sabía desplegar en estas comunidades virtuales.

Su fascinación por la guerra también le llevó profundizar sus conocimientos visitando páginas de historia militar, información sobre enfrentamientos bélicos, milicias, etc. Allí encontró datos sobre un conflicto asimétrico que le fascinó: el enfrentamiento entre Rusia y Chechenia durante la década de los noventa. Los insurgentes chechenos, y sus tácticas guerrilleras contra la poderosa maquinaria militar rusa dispararon su imaginación. Christian, al igual que otros radicales, caería en el tópico de considerar la lucha de los insurgentes chechenos como un ejemplo puro de valentía y entrega por los más débiles. En sus partidas de *airsoft* empezó a bautizase al equipo que capitaneaba como "chechenos", los cuales se enfrentaban contra toda clase de enemigos.

La búsqueda compulsiva de información sobre este conflicto le llevó a consumir la propaganda elaborada por los grupos yihadistas que operaban en esta región rusa de mayoría islámica. Estos materiales, justificaban la lucha armada no sólo como legítima defensa, sino también como un imperativo para todo buen musulmán. Su idealización de los combatientes chechenos, y su recién descubierto interés por una versión distorsionada del Islam fueron una mezcla explosiva para una personalidad proclive a los extremos.

En febrero de 2009 la Policía Nacional le detenía en Granada junto a su novia de origen ruso. Los agentes les señalaban como los responsables de una serie de contenidos aparecidos en Internet en los cuales se hacían llamamientos a la realización de atentados terroristas contra España. El militar de 23 años y su pareja de la misma edad, María Choubina, se habían convertido a una particular versión del Islam que justificaba e incitaba la violencia terrorista contra los que consideraba enemigos de su nueva fe. Dicha transformación espiritual no supuso ningún cambio en los hábitos de vida y costumbres de la pareja. Aunque Christian merodeó por algunas mezquitas locales, no asistió de manera regular al rezo, ni entabló nuevas relaciones con otros musulmanes. Su nuevo credo se basaba únicamente en una fascinación por la yihad violenta y los activistas que la llevaban a cabo. Se trataba de una nueva visión del mundo, y de su papel en él, a la que daba rienda suelta en interminables veladas frente al ordenador.

En el momento de efectuar la detención, los agentes eran conscientes de que como soldado, tenía acceso de manera legal a la posesión de armas de fuego. Además se sumaba el peligro potencial de que algunas de las numerosas réplicas que poseía como experto jugador de *airsoft* hubiese podido haber sido manipulada para disparar munición real. Este les llevó a poner en marcha un imponente dispositivo policial preventivo para llegar a cabo la detención y registro del domicilio familiar donde residía.

La transformación de Christian y María había pasada desapercibida por parte de su entorno familiar y profesional[217]. Los padres del soldado declararon a la prensa que se trataba de un "malentendido", señalando que su hijo era un chico introvertido y pacífico que pasaba muchas horas en su habitación navegando en Internet junto a su novia. El padre del soldado, aunque conocía la afición de su hijo por crear "videos sobre musulmanes", negaba cualquier relación de su hijo con "el Islam o los islamistas", una opinión idéntica a la de los padres de María, los cuales negaba la condición de musulmana de su hija, la cual, afirmaban, seguía profesando el cristianismo ortodoxo, al igual que el resto de su familia.

La "Operación Nazarí", bautizada así por los miembros de la Brigada Provincial de Información de Granada, había comenzado en el verano del año anterior cuando estos detectaron en el popular portal de Internet *Youtube* una serie de videos cuyo contenido incluía un llamamiento explícito a la realización de ataques en España, y más concretamente en la ciudad de Granada. La policía detectó en esta plataforma virtual un canal titulado "Exención de pecado por la masacre de infieles" creado por un usuario apodado Basfard, el cual contenía once archivos de video creados a partir del montaje de imágenes procedentes de videos elaborados

---

[217] R. MENDOZA, R. y MORÁN, C. (2009). "«Todo es un malentendido», dice el padre del soldado que difundía vídeos islamistas", *Ideal de Granada*, 18 de febrero. Disponible en: http://www.ideal.es/granada/20090218/granada/todo-malentendido-dice-padre-20090218.html [Accedido el 05/03/2013]

principalmente por grupos yihadistas.   En los montajes se mezclaba reivindicaciones agresivas a la recuperación de Al Andalus, fotogramas de decapitaciones, degollamientos y mutilaciones de occidentales, escenas de ataques con coche bomba a vehículos militares norteamericanos, y escenas con localizaciones emblemáticas de Granada.

Estos videos de carácter amateur y con escasa calidad, contenían varias notas desconcertantes. Una de ellas era que se mezclaban de manera indistinta elementos del sunnismo y chiísmo, una contradicción en la que no hubiese incurrido alguien con unos conocimientos elementales del Islam. Pero la nota que realmente lo distinguía de otros videos de temática similar, era que las imágenes que contenían de la ciudad de Granada no se limitaban sólo a los lugares icónicos del legado musulmán, sino que inexplicablemente se incluía una calle concreta de Granada que no tenía ninguna relación con el pasado islámico de la ciudad, ni interés aparente. A medida de que fueron apareciendo nuevos videos en el canal de *Youtube*, las referencias a este enclave eran más directas, hasta llegar al extremo de incluir la placa de matrícula de una motocicleta estacionada en esa vía.

El interrogatorio de Christian permitió conocer que esta singular inclusión respondía a la obsesión del soldado granadino por tomar venganza contra el propietario de un café-bar de la ciudad, donde según él, su novia había sido agredida sexualmente por uno de los propietarios del establecimiento. Este confuso episodio, que nunca había sido denunciado, disparó los celos patológicos del soldado, el cual se dedicó a incluir estas amenazas veladas en sus videos, con la intención de que fuesen descubiertas por su destinatario, el cual comprobaría horrorizado que era objetivo de los seguidores de Al Qaeda.

La Audiencia Nacional decidió que estos actos no implicaba una vinculación con actividades terroristas sino un delito de amenazas, con lo cual decidió dejar en libertad a María, y trasladar el caso a la jurisdicción ordinaria. El desequilibrio mental de Christian fue constatado por la sentencia emitida por el Juzgado de lo Penal de Granada que decidió absolverlo del delito de amenazas contra la población, por el que había sido acusado inicialmente, y ordenar el internamiento psiquiátrico durante tres años, al señalar que el soldado sufría una "esquizofrenia paranoide que resultó agravada por el supuesto episodio de agresión sexual que sufrió su pareja"[218].

Los jueces entendieron que tras la difusión pública de estos materiales no se hallaba una amenaza consistente, sin embargo, este episodio resultó muy significativo porque evidenciaba la capacidad de difusión del contenido radical a través del ciberespacio. La plataforma utilizada por Christian, *Youtube*, ofrece de manera pública abundante información sobre las interacciones que tienen lugar dentro de sus páginas, lo que permitió conocer, por ejemplo, que los videos elaborados por este particular converso lograron 1805 visionados. Por otro lado, el canal donde fueron alojados los archivos, contaba con 210 usuarios que se había subscrito para

---

[218] EUROPA PRESS. (2010). "Tratamiento psiquiátrico para un soldado acusado de llamar a la 'yihad' en Youtube", *Europa Press*, 3 de noviembre. Disponible en: http://www.europapress.es/andalucia/noticia-imponen-tratamiento-psiquiatrico-soldado-acusado-llamar-yihad-youtube-20101103131923.html [Accedido el 05/03/2013]

poder recibir avisos sobre sus actualizaciones. Cristian había desarrollado una intensa actividad en esta plataforma, no sólo visionando cientos de videos de inspiración yihadista, sino también entablando conversaciones con usuarios radicales. Uno de los aspectos más interesantes de estas interacciones es que algunas de ellas se llevaron a cabo en lengua árabe, un idioma que el soldado desconocía por completo. Para sortear la barrera idiomática, recurrió al traductor gratuito online de *Google*, el cual le permitió expresarse y entender a sus interlocutores con bastante exactitud.

La yihad al son cubano

En septiembre de 2011 se producía en la localidad de Cala Rajada (Mallorca) la detención[219] del joven de 26 años José Ernesto Feliú Mora, acusado de pertenencia a organización terrorista, enaltecimiento del terrorismo y amenazas. Si bien no resultaba sorprendente, que el detenido fuese un converso, sí que causó cierta sorpresa la noticia de que se tratase de un emigrante cubano. La noticia tuvo repercusión incluso en los medios de comunicación internacionales[220], especialmente estadounidenses, los

---

[219] EL PAÍS (2011). "La Guardia Civil detiene en Mallorca a un cubano presunto miembro de Al Qaeda", *El País*, 20 de septiembre. Disponible en:
http://politica.elpais.com/politica/2011/09/20/actualidad/1316526566_228478.html [Accedido el 05/03/2013]

[220] GOODMAN, AL (2011). "Spain arrests suspected al Qaeda operative", *CNN*, September 20. Disponible en:
http://edition.cnn.com/2011/09/20/world/europe/spain-al-qaeda-arrest [Accedido el 05/03/2013]

cuales no dudaron en calificarlo como el primer caso confirmado de "un cubano en las filas de Al Qaeda".

En el momento de su detención acababa de finalizar su contrato laboral como recepcionista en un hotel de la isla. El acceso a este trabajo, y otra serie de ocupaciones que había desempeñado desde su llegada a España, había sido posible en buena medida por su conocimiento de varios idiomas, incluyendo el alemán, inglés y el árabe. El conocimiento de este último había tenido lugar de manera autodidacta a través del seguimiento de un curso en audio[221] durante sus largas horas de inactividad en la recepción del hotel. Su facilidad para los idiomas constituía una de sus principales rasgos de identidad. En Internet se auto-presentaba como un profesor de alemán, llegando a grabar varios videos amateur donde él mismo impartía lecciones sobre este idioma. La Guardia Civil sospechó que esta actividad podía ser una "tapadera" para contactar con posibles candidatos a convertirse en muyahidín.

Con 24 años José Ernesto decidió convertirse al Islam de manera espontánea, sin la necesidad de interactuar con otros musulmanes, ni buscar ninguna orientación sobre su nueva fe. Aunque no frecuentaba la mezquita, ni se rodeaba de otros musulmanes, su "conversión" no se limitó al ámbito de las creencias. Decidió utilizar un nuevo nombre islámico Khalid Siyf Allahu Almaslul, y modificar su apariencia. Para ello se dejó

---

[221] PD (2011). "¿Un cubano de Al-Qaeda? (updated)", *PD España-Cuba*, 21 de septiembre. Disponible en: http://www.penultimosdias.com/2011/09/21/48247/ [Accedido el 05/03/2013]

crecer una poblada barba al estilo salafista que no incluía el bigote, y empezó a vestir de manera ocasional largas túnicas y un casquillo musulmán para el rezo. En el texto de presentación de su cuenta en la red social *Twitter* declaraba: "Nací inocente, crecí siendo ateo, me desarrollé siendo cristiano, ahora espero mantenerme sometido (muslim) al creador cuando me reproduzca y, hasta que muera."[222]. No obstante, tras su detención la noticia de que era musulmán resultó sorprendente para algunos de sus conocidos y vecinos, los cuales pensaban que su apariencia era una excentricidad caribeña.

El joven cubano abrazó su nueva fe con un incansable deseo de hacer proselitismo y de denunciar no sólo la degradación de la sociedad actual, sino también la "desviación" de otros musulmanes. Tachaba de "maligna, falsa y repugnante la democracia de los países cristianos". A pesar de ser un "recién llegado al Islam" (según sus propias palabras) no tenía ningún inconveniente en considerar que tenía la suficiente autoridad para corregir a los musulmanes de nacimiento. En su perfil de *Facebook*, declaraba que se encontraba estudiando: "Detección y eliminación rápida de falsas doctrinas y leyes"[223].

José Ernesto creó varios canales personales en *Youtube*[224] donde llegó a alojar más de 1.100 videos, en su mayoría relacionados con el Islam y la defensa de la yihad armada. En sus interacciones con otros usuarios de

---

[222] https://twitter.com/#!/khalid3712

[223] http://www.penultimosdias.com/wp-content/uploads/2011/09/Holguinero.jpg

[224] http://www.youtube.com/user/khalid3712

Internet bajo el apodo de Khalid3712, también era frecuente que saliera a relucir su creciente radicalismo. En algunos de estos comentarios había llegado a manifestar su deseo de poder combatir a las tropas españolas desplegadas en Afganistán.

En sus mensajes de Internet también hizo su aparición una furibunda misoginia. Según él, buena parte de los males de la actual sociedad provenían de la negativa de la mujer a aceptar su sumisión al hombre: "Me da igual los problemas que haya en la sociedad residual producto del feminismo, que no ha permitido a los hombres pensar en otra cosa que en cómo arreglar el nuevo problema que la mierda de su mujer se ha inventado para pasar el tiempo y demostrar que ella es la jefa…"[225]. José Ernesto que se definía en Internet como un "ultra-macho", no tuvo reparos en responder así a una musulmana que había respondido críticamente a uno de sus comentarios en *Youtube*: "si eres mujer limítate a cocinar, que tu marido es el encargado de hablar conmigo, no pierdas el tiempo hablando con un musulmán acerca de lo que debe hacer (…)"[226]

A pesar de carecer de antecedentes penales, la Policía Judicial había solicitado en una ocasión su identificación tras haber sido detectado fotografiando a unos policías de uniforme. Cuando le pidieron explicaciones, argumentó que era periodista, y que quería utilizar las

---

[225] GUERRERO VALL, JOAN ANTONI. (2011). "El cubano de Al Qaeda: "El fin de toda inmundicia se acerca"", *PDVista*, 20 de septiembre. Disponible en: http://joanantoniguerrero.blogspot.com.es/2011/09/el-cubano-de-al-qaeda-el-fin-de-toda.html [Accedido el 05/03/2013]
[226] http://www.youtube.com/user/helenapereirac/feed?filter=1

imágenes para un reportaje[227]. Más allá de ese inquietante episodio, según la Guardia Civil, el cubano había intentado en una ocasión desplazarse a Pakistán[228] para contactar con grupos yihadistas, sin embargo, no llegó a su destino debido a que fue interceptado en una escala de su viaje, y fue devuelto a España. Los investigadores policiales creyeron que el cubano estaba preparando un segundo intento tras perder su trabajo. Los agentes precipitaron su detención al tener constancia a través de la inteligencia británica de que este había contacto a través de Internet con un destacado militante yihadista[229].

Cuando los policías irrumpieron en su apartamento, donde residía junto su madre y un hermanastro menor de edad, interceptaron numeroso material informático que fue sometido a análisis. José Ernesto fue trasladado en helicóptero a Madrid donde fue interrogado y puesto a disposición judicial. El juez decidió dejarlo en libertad con cargos hasta que tuviese lugar su proceso judicial.

---

[227] J.J. (2011). "Un islamista cubà vinculat a Al Qaeda és detingut a Cala Rajada", *DBalears.cat*, 21 de septiembre. Disponible en: http://dbalears.cat/actualitat/balears/un-islamista-cuba-vinculat-a-al-qaeda-es-detingut-a-cala-rajada.html [Accedido el 06/03/2013]

[228] BAQUERO, ANTONIO (2011)."Detenido un joven cubano en Mallorca acusado de pertenecer a Al Qaeda", *El Periodico*, 20 de septiembre. Disponible en: http://www.elperiodico.com/es/noticias/sociedad/detenido-joven-mallorca-acusado-pertenecer-qaeda-1155614 [Accedido el 06/03/2013]

[229] (J.J, 2011)

Durante este tiempo José Ernesto han negado su relación con el terrorismo[230], y ha seguido llevando a cabo su proselitismo islamista a través de Internet, aunque despojándolo de los elementos violentos que propiciaron su detención. Es posible encontrar las opiniones de khalid3712 en su cuenta de *Twitter*, en su canal de *Youtube* y en un blog personal[231] (con una versión en español y otra en inglés) donde pretende "recuperar la sumisión al Islam de los profetas".

El predicador y el converso

A finales de junio de 2011 la Guardia Civil detenía en las localidades sevillanas de Dos Hermanas y Utrera a dos individuos, acusándoles de los delitos de amenazas y de apología y enaltecimiento del terrorismo[232]. Se trataba de Mohamed Zenasni, un argelino nacido en 1956, y del converso español Alí Abdulá Olmo Rey, nacido en 1982 en Morón de la Frontera con el nombre de Álvaro.

---

[230] *IB3 (2011). "El jove mallorquí presumptament viculat a Al-Qaida nega els fets",* IB3 TV, *Disponible en:*

http://ib3tv.com/20120101_173087-el-jove-mallorqui-presumptament-viculat-a-al-qaida-nega-els-fets.html [Accedido el 06/03/2013]

[231] http://alquranalkerim.blogspot.com.es/

[232] LA MONCLOA (2011) "La Guardia Civil detiene en Sevilla a dos personas por presunto delito de apología del terrorismo yihadista", Sala de Prensa – La Moncloa, 1 de julio. Disponible en:

http://www.lamoncloa.gob.es/ServiciosdePrensa/NotasPrensa/MIR/2011/01072011-detenciones.htm [Accedido el 06/03/2013]

El primero había ejercido de imán en varias mezquitas de la provincia, en algunas de las cuales había tenido problemas con la comunidad por el contenido extremista de sus predicaciones. Mohamed había tomado como discípulo al joven sevillano, sobre el cual ejercía una clara ascendencia. Este puso sus conocimientos informáticos al servicio del mensaje del veterano predicador argelino, llegando a compartir con él su ordenador portátil.

Alí utilizó Internet para aumentar la difusión de contenidos radicales en inglés y árabe a través de su perfil de *Facebook* y en su blog personal[233]. Entre estos materiales se incluían títulos como "Guerra contra los infieles", "Reconquista de los territorios perdidos, entre estos Al Andalus", "Guerra contra el mundo occidental, sobre todo Estados Unidos", "Tortura y muerte de homosexuales", y "Muerte a los judíos". En estas páginas también alojaba materiales elaborados por él mismo, como por ejemplo, una carta titulada "El velo y la verdad", en el que se acusaba a los imanes "hay nombres y apellidos"[234] que tienen miedo a hablar de la yihad, y se dedican a colaborar con la Policía Nacional, la Guardia Civil y el CNI.

En las conversaciones telefónicas intervenidas, Alí se mostraba obsesionado con la idea de ser vigilado por agentes de policía a los que llamaba "perros". Cuando la Guardia Civil analizó en contenido de su

---

[233] https://ahlalmawrurienglish.wordpress.com

[234] AUDIENCIA NACIONAL. SALA DE LO PENAL (2013). "Sentencia nº 9/2013", 4 de febrero. Disponible en:
http://static.presspeople.com/attachment/891a4c081bf4407c92d883e96c985711
[Accedido el 06/03/2013]

ordenador, encontró una serie de archivos elaborador por él mismo a modo de "informes de seguimiento" donde aparecían datos personales e incluso fotografías de los policías y miembros del CNI que supuestamente le seguían[235].

Alí Abdulá compartía con otros conversos acusados de delitos de terrorismo, la percepción de que sus actividades en Internet estaban exentas de riegos. Resultaba especialmente llamativa su escasa preocupación por proteger su privacidad en el ciberespacio. No tenía problemas, por ejemplo, en participar en algunos foros utilizando su nombre completo y apellidos. En una página web en inglés creada para solicitar la liberación del musulmán británico Babar Ahmad, administrador de la legendaria web yihadista azzam.com, escribía en 2007: "Lamento tu situación hermano. Rezaré para que seas liberado pronto. Esperamos que no seas trasladado a Estados Unidos, porque no sabemos si allí sufrirás abusos"[236]. Alí Abdullah, que ejercía la profesión de delineante, aunque se encontraba desempleado, creó un blog[237] personal donde tenía colgado su CV a modo de reclamo laboral. En esa misma página ofrecía datos tan sensibles como su fotografía, domicilio, número de DNI o teléfono móvil. En otra conocida página de búsqueda de empleo detallaba su última experiencia profesional como marinero en la Armada Española, una

---

[235] Idem.

[236] http://www.freebabarahmad.com/support/messages-of-support/item/83-messages-of-support-29

[237] http://almawruri.blogspot.com.es/

ocupación que abandonó por petición propia en su primer destino, tan solo diez después de haberse incorporado.

El radicalismo del sevillano no se limitó al ámbito del ciberespacio, sino que también fueron numerosos los casos de enfrentamiento personal con otros musulmanes a los que acusaba de traicionar la verdadera fe. Así por ejemplo, llegaría a amenazar al imán de una mezquita del municipio sevillano de Los Palacios, y otros dos miembros de esa comunidad, a los que acusó de «hipócritas» por colaborar con el «demonio», un apelativo que empleaba para referirse a la policía o a los agentes del CNI. Los responsables de esta pequeña comunidad musulmana de Sevilla se negaron a que su mentor, el argelino Mohamed Zenasni, rezase en la mezquita, debido al más que conocido carácter politizado y radical de sus discursos. Alí se tomó este rechazo como una afrenta personal, y decidió vengarse colocando en el vehículo del imán una carta anónima en árabe escrita por su propio puño: "Dejad el pecado (…) y volver a Marruecos. Sepan que las puertas del paraíso están debajo de la sombra de las espadas. (…) no queremos avisar tres veces."[238] Para acentuar el carácter amenazante de la misiva incluyó la dirección de los destinatarios y sus números de teléfono.

Dos meses después enviaría desde su propia cuenta de correo electrónico un mensaje similar al responsable de otra mezquita de un barrio sevillano, al cual acusaba de colaborar con los espías españoles, los cuales colaboran "con los que matan musulmanes en Libia, Afganistán, el Líbano e Iraq: … la traición al Islam. La pena de muerte es principalmente para aquel/los

---

[238] SENTENCIA 9/2013.

que colaboran con las fuerzas enemigas con el fin de ayudarles en sus ataques contra el Estado Islámico".

La Audiencia Nacional terminaría condenando a Alí Abdullah Olmo Rey por un delito de enaltecimiento del terrorismo a la pena de un año de prisión, así como a una serie de multas por tres faltas de amenazas contra los destinatarios de sus cartas. No obstante, el tribunal entendería que el argelino Mohamed Zenasni, a pesar de su ascendiente, no había tomado parte en los hechos que debían ser juzgados.

CAPÍTULO 5: LOS INMIGRANTES ESTÁN PERDIDOS EN AL ANDALUS

El carácter de un hombre es su destino.

Heráclito (535 a. C – 484 a. C.)

En este capítulo se expone la historia de aquellos ciber-yihadistas detenidos en España que han mantenido claros vínculos con organizaciones terroristas. La ofensiva internacional iniciada tras los atentados del 11 de septiembre, terminó provocando que estos lazos fuesen desdibujándose como consecuencia de un entorno social y policial mucho más hostil. En palabras de uno de estos radicales "los inmigrantes [en referencia a los musulmanes que se encuentran en tierra de "no creyentes"] se encontraban perdidos en Al Andalus". Ante la dificultad para contactar y colaborar con los grupos que combatían la yihad, algunos de estos individuos, encontraron en Internet una nueva oportunidad para seguir dando continuidad, aunque fuese a través del ciberespacio, a su compromiso con la yihad.

En esta misma categoría también hemos añadido los casos de aquellos simpatizantes de la yihad que iniciaron sus actividades cuando era extremadamente difícil contactar y vincularse con algunas de las organizaciones terroristas existentes. A pesar de esta limitación, actuaron como "átomos sueltos" dentro del denso y complejo mundo del terrorismo yihadista, gracias en buena medida a Internet. A través de la red pudieron contactar con un mundo de radicalismo, que a duras penas podía hacerse visible en las calles y mezquitas.   Internet se convirtió así en llave que les permitiría cumplir con lo que consideraban era su obligación de participar en la yihad, aunque esta sólo tuviese lugar en el ámbito de la propaganda.

Ciber-yihad Interruptus

El 16 de septiembre de 1998 un viajero iraquí era detenido por la policía alemana en una oficina de alquiler de coches cerca de Múnich. Se trataba del yihadista Mamdouh Mahmud Salim, alias "Abu Hajer".   Nunca antes había sido detenido un miembro de Al Qaeda de tanta relevancia.

Salim había sido un coronel del ejército de Sadam Hussein, especialista en electricidad, hasta su deserción durante la guerra con Irán en los años ochenta[239]. Con posterioridad sería uno de los fundadores originarios de Al Qaeda. Abu Hajer "el iraquí" formaría parte del reducido grupo de veteranos muyahidín congregados por Osama Laden en agosto de 1988 para discutir la creación de una "nuevo grupo militar" que mantuviese viva la yihad una vez que los soviéticos completasen su retirada de Afganistán[240].   Desde ese momento, pasó a formar parte del reducido Consejo Consultivo (*"majlis al shura"*) encargado de asesorar al líder de la nueva organización.   Salim era uno de los amigos más cercanos a Osama y también su "imán particular", encargándose de dirigir el rezo en presencia

---

[239] WRIGHT, LAWRENCE (2007). *The Looming Tower: Al-Qaeda and the Road to 9/11*, New York: Vintage, p. 170.
[240] Idem. pp. 131 – 134.

del terrorista saudí[241]. A pesar de carecer de credenciales religiosas, había acometido el hercúleo esfuerzo de memorizar el Corán, lo que le convirtió en una autoridad religiosa dentro de un grupo donde escaseaban las personas que realmente estuviesen cualificadas para dictaminar sobre el Islam. Osama nombró a Salim jefe del "Comité de Fatwas" de Al Qaeda, una responsabilidad que implicaba emitir dictámenes jurídicos sobre cómo interpretar el Corán a la luz de la actualidad. Sus principales contribuciones consintieron en justificar plenamente el terrorismo como estrategia contra los enemigos del Islam, incluyendo los ataques contra la población civil.

Bin Laden también encargó a Salim la supervisión de alguna de las principales iniciativas desarrolladas por Al Qaeda durante el inicio de su andadura. Abu Hajer desempeñó un papel protagonista durante el conflicto bosnio, encargándose de coordinar la acción y apoyo de los voluntarios internacionales que pretendían convertir la guerra balcánica en un nuevo frente de la yihad global. Abu Hajer también asumió una serie de misiones sensibles que le llevaron por todo el mundo en busca de financiación y la adquisición de armamento y equipamientos electrónicos para su grupo. El iraquí también sería uno de los intermediarios que Bin Laden utilizó en su infructuosa búsqueda de armas de destrucción masiva a través del mercado negro[242].

---

[241] Idem. p.170
[242] UNITED STATES DISTRICT COURT. SOUTHERN DISTRICT OF NEW YORK (1998). "Indictment USA v. Usama bin Laden et al. ", S(9) 98 Cr. 1023. Disponible en: http://cns.miis.edu/reports/pdfs/binladen/indict.pdf [Accedido el 06/03/2013]

Al Qaeda no era sólo una organización dedicada al apoyo y a la difusión de la yihad en escenarios de conflicto armado, sino que también tenía una ambiciosa agenda de acciones terroristas ejecutadas por sus propios miembros. La detención de Salim se produjo un mes después del mayor atentado llevado a cabo por esta organización hasta ese momento. El 7 de agosto de 1998, coincidiendo con el octavo aniversario de la llegada tropas estadounidenses a Arabia Saudí, Al Qaeda había hecho explotar de manera simultánea dos camiones bomba en las embajadas de Estados Unidos en Nairobi (Kenia) y Dar es Salaam (Tanzania). Las brutales explosiones se cobraron la vida de más de doscientas personas y dejaron tras de sí más de cuatro mil heridos, en su gran mayoría africanos.

Estados Unidos estaba convencido de que Salim estaba relacionado con los autores de los atentados y solicitó a las autoridades alemanas que a su llegada a este país (el cual había visitado en innumerables ocasiones) fuese apresado y extraditado a Estados Unidos.

Esta detención sería el punto de partida de una operación contra el terrorismo yihadista en España que culminaría casi cuatro años después. En el momento de su detención, Salim portaba una agenda que contenía el nombre de un argelino residente en España. Se trataba de Ahmed Brahim, la misma persona con la que se había reunido en Palma de Mallorca tan sólo una semana antes de su arresto, hospedándose en su domicilio familiar durante cuatro días.

Los agentes de la Guardia Civil empezaron a seguir la pista de este corpulento y barbudo argelino nacido en 1945. Brahim había residido buena parte de su vida en Francia y Suecia ejerciendo la profesión de ingeniero, un trabajo que le había proporcionado aparentemente unos cuantiosos ingresos. Tras su llegada a España se instaló en las Islas Baleares, donde residió durante quince años junto a su esposa finlandesa y su hija. Allí había sido el administrador único de una sociedad mercantil dedicada a la compra-venta de embarcaciones deportivas, un negocio supuestamente ruinoso que liquidó por pérdidas a finales de 1999[243].

Los investigadores estaban convencidos de que Brahim ejercía un importante papel en la estructura financiera de Al Qaeda[244], y decidieron rastrear sus numerosas cuentas bancarias en países como Luxemburgo, Noruega, Suecia, Alemania y Arabia Saudí. La Guardia Civil pensaba que utilizaba una serie de sociedad instrumentales, como su empresa Nora Yachting, para mover grandes cantidades de dinero que recibía de forma ilícita.

A mediados de abril de 2002, Ahmed Brahim era detenido en una acomodada urbanización de Sant Joan Despí, un municipio cercano a Barcelona. El argelino había trasladado allí su residencia familiar a principios de 2001, cansado de las mujeres de Palma de Mallorca, las cuales vestían "prácticamente desnudas", algo que encontraba ofensivo para los musulmanes[245]. Mariano Rajoy, que en esa época era Ministro de Interior, relacionó su detención con la financiación de los atentados contra

---

[243] IRUJO, JOSE MARÍA (2004), "El Tunecino se reunía con Ahmed Brahim, presunto tesorero de Al Qaeda en España", El País, 28 de junio.

[244] SILVA, LORENZO (2002). "Así cayó Brahim, el banquero", El Mundo, 21 de abril.

[245] "Acta de declaración de Ahmed Brahim", p. 2. Disponible en: http://s173305393.onlinehome.fr/images/Files/MMS%20-%20Acta%20de%20declaracion%201%20-%20sp.pdf [Accedido el 06/03/2013]

las embajadas estadounidenses en África. Sin embargo, los cargos contra Brahim por financiación del terrorismo se fueron diluyendo a medida que avanzó la investigación judicial. En esa época, seguía persistiendo una percepción muy diferente entre policías y jueces sobre la carga probatoria de las evidencias recabadas por los agentes. Esta discrepancia era especialmente intensa con respecto a los delitos de naturaleza económica imputables a partidarios del yihadismo. La densa nebulosa de relaciones personales no documentadas que se hallaba detrás de estas transacciones, y sobre todo la casi imposibilidad física de demostrar que ese dinero terminaba en manos de quienes cometían atentados, haría naufragar esta y muchas otras de las investigaciones policiales sobre las finanzas del terror.

No obstante, las investigaciones sobre Brahim y el registro de su domicilio permitieron descubrir su faceta como incipiente propagandista a través de Internet. En el momento de su detención, Ahmed se encontraba trabajando en la elaboración de una página web destinada a ser una gran base de datos de los principales referentes ideológicos del yihadismo y sus obras. En su casa, la Guardia Civil intervino doce ordenadores personales, alguno de ellos de gran potencia, y numerosos soportes informáticos.

Según el tribunal que le juzgó, este proyecto propagandístico había dado comienzo a finales de mayo de 1998, tras la visita a su domicilio del iraquí Abu Hajer. El destacado miembro de Al Qaeda había llegado a Palma de Mallorca, acompañado de otro radical llamado Hassan Al-Homaid. En esta primera reunión, se acordó pone en marcha lo que llamaron el "Proyecto de Divulgación". El interés de Abu Hajer por conseguir la difusión masiva de su ideario radical a través de los medios de comunicación no era algo nuevo. A finales de los ochenta había intentado, sin éxito, crear en Chipre una emisora de televisión islámica. Su interés por lanzar nuevas plataformas mediáticas con las cuales acceder masivamente a la población musulmana también le había llevado en 1995 a Canadá. En este país visitó a un fabricante de equipos de comunicaciones, al que pretendía comprar la infraestructura necesaria para instalar una emisora de radio en Turquía. En ambas ocasiones, viajó con el extremista saudí Hamad M.A. Ghamas, con el cual compartía cuentas bancarias y relaciones con destacados miembros de Al Qaeda. Se trata de la misma persona que se sumaría a la segunda y última visita que Abu Hajer realizaría a Ahmed Brahim en septiembre de ese mismo año. Ghamas le entregó al argelino veintidós CD's con discursos del jeque saudí Salman al Ouda para que fuesen incluidos en la página web que estaba elaborando.

Al Ouda era en esta época uno de los referentes religiosos de Al Qaeda[246]. Este clérigo saudí había sido uno de los impulsores en la década de los ochenta de un influyente movimiento de revivalismo fundamentalista conocido como Al Sahwa ("el despertar"). Sus sermones contra la presencia militar estadounidense en Arabia Saudí tras la invasión iraquí de Kuwait en 1990, fueron uno de los principales referentes para que Bin Laden concentrase su atención en Estados Unidos como el principal enemigo del mundo musulmán. El propio Bin Laden reconocería que su encarcelamiento por parte de las autoridades saudíes fue una de las principales razones para sus llamamientos a atacar objetivos estadounidenses. El predicamento de Al Ouda, se convertiría en un

---

[246] (BERGEN AND CRUICKSHANK, 2008)

quebradero de cabeza para los gobernantes sauditas y su complicada alianza con los Estados Unidos. En 2004, se sumaría a una fatua elaborada por otros 26 clérigos saudíes donde legitimaban religiosamente la lucha armada contra la ocupación estadounidense de Irak.

Resultaba, por tanto, plenamente justificado que Al Ouda fuese uno de los protagonistas de esa nueva página web que Ahmed Brahim estaba diseñando. Paradójicamente, con el paso del tiempo Al Ouda sería una de las personas que más daño causaría a la legitimidad de Al Qaeda y su líder, sumándose a la lista de antiguos partidarios del yihadismo que fueron desdiciéndose de sus planteamientos del pasado. Con motivo del sexto aniversario de los atentados del 11-S, el clérigo saudí lanzaba esta acusación en una cadena de televisión:

> "Mi hermano Osama, ¿cuánta sangre se ha derramado? ¿Cuántas personas inocentes, niños, ancianos y mujeres han perdido la vida ... en el nombre de Al Qaeda? ¿Estarás feliz de conocer a Dios Todopoderoso portando la carga de estos cientos de miles o millones en tu espalda? "[247]

El asesoramiento de Abu Hajer al proyecto propagandístico de Ahmed Brahim quedaría interrumpido definitivamente tras su detención en Alemania, unos días después de abandonar Palma de Mallorca. El líder de Al Qaeda sería confinado a un prisión estadounidense y juzgado por su participación en los atentados contra las embajadas de Estados Unidos. El iraquí agravaría aún más su destino carcelario, cuando apuñaló gravemente

---

[247] Idem.

en un ojo a uno de los guardias de la prisión en un intento fallido de fuga, un acto que le costaría la cadena perpetua.

No obstante, la impronta de Abu Hajer se haría sentir en los contenidos de esta página web que nunca llegó a estar disponible. Ahmed Brahim ordenaba los futuros contenidos de su página en una serie de carpetas temáticas. Una de ellas tenía el título de Ibn Taimiyah, en referencia al influyente pensador islámico medieval. A pesar de haber vivido entre los siglos XIII y XIV, sus enseñanzas serían ampliamente citadas por los yihadistas contemporáneos. En particular su *fatwa* contra las invasiones mongolas en tierras islámicas, frente a las cuales proclamaba la necesidad de una yihad defensiva. Los miembros de Al Qaeda encontraron en las invasiones bárbaras una clara analogía de la situación contemporánea del mundo musulmán, lo que permitía extender la interpretación que hacía Taimiyah de la necesidad y legitimidad religiosa del recurso a la violencia para defender al Islam frente a sus enemigos.   Los radicales también encontraron en este pensador medieval un referente para la doctrina del *takfir:* la posibilidad de negar la condición de creyente a otros musulmanes, lo cual legitima la violencia contra estos[248].   Las doctrinas de Taymiyah eran una de las enseñanzas favoritas de Abu Hajer en su etapa de instructor de los primeros reclutas de Al Qaeda congregados en Sudán[249]. Una predilección que pretendía plasmar en este proyecto de divulgación a través de Internet, al cual se sumarían las obras de otros "jeques" de

---

[248] HALVERSON, JEFFREY; GOODALL, H. L. and CORMAN, STEVEN (2011). *Master Narratives of Islamist Extremism*, New York: Palgrave-MacMillan, p. 119
[249] (WRIGHT, 2007: 174)

referencia como Abul Ala Maududi, Abdullah Azzam, Safar Al Hawalli, etc.

Los investigadores también descubrieron alojada en uno de sus ordenadores una agenda digital que confirmaba la densa red de contactos de Brahim. Sus entradas le conectaba con algunos de los más destacados miembros del movimiento yihadista internacional, algunos de los cuales conocía personalmente, y con los que mantenía contacto telefónico. Así, por ejemplo, dentro del grupo catalogado por él mismo como "contactos islámicos" aparecía el carismático jeque de barba roja Abd Al Majed Al Zindani, un yemení con un largo historial de colaboraciones con Bin Laden, y al que Departamento del Tesoro de Estados Unidos incluyó en su lista de financiadores del terrorismo. Otra de las entradas de su agenda era Wadih El Hage, un libanés nacionalizado norteamericano, que ejercería de secretario personal de Bin Laden durante su etapa en Sudán. Estados Unidos también le condenaría a cadena perpetua por su participación en los atentados contra las embajadas de África.

Sin embargo, los investigadores no captaron la relevancia que en un futuro próximo iba a tener un nombre de esa agenda: Serhane, al cual Brahim añadió la etiqueta de "islamic friend". Se trataba de Serhane Ben Abdelmajid Fakhet "el tunecino", el líder de la célula que dos años después cometería la matanza del 11 de marzo en Madrid. En ese momento, la Guardia Civil no sólo desconocía la identidad del tal Serhane, sino que, como era habitual en esa época, tampoco compartió ese dato con los agentes de la Policía Nacional, los cuales sí que tenían identificados al "tunecino" como uno de los islamistas afincados en Madrid a los cuales era necesario vigilar esporádicamente por sus relaciones con las redes yihadistas internacionales[250].

Serhane se había reunido en varias ocasiones con Brahim, al cual admiraba y pedía consejo religioso. Este corpulento argelino, no dudaba en presentarse como el "sheikh (jeque) Brahim de Medina", con la suficiente autoridad para interpretar públicamente el Corán e incluso criticar las opiniones de otros jeques consolidados[251]. Tras la detención de Brahim, la amistad de "el tunecino" se intensificaría, en especial con su esposa finlandesa Elena y su hija Nora, a las cuales alojaba en su casa cuando estas se desplazaban a Madrid para visitar a su marido encarcelado en Alcalá-Meco[252].

El juicio contra Brahim se celebró en marzo de 2006. Durante el mismo, el argelino argumentó que la creación de la página web, lejos de pretender hacer apología del terrorismo, era un proyecto de base de datos, para el cual había pedido asesoramiento a algunas de las personas con las que mantenía contacto telefónico o se había reunido. Según Brahim, esta iniciativa había sido abandonada en el año 2000. Desde ese momento su actividad en Internet se había centrado en un "proyecto enorme" consistente en digitalizar las alocuciones y lecciones que se impartían en la

---

[250] IRUJO, JOSE MARÍA (2012). *El agujero. España invadida por la yihad*, Madrid: Aguilar (versión Kindle), p.

[251] AUDIENCIA NACIONAL. SALA DE LO PENAL (2006). "Sentencia nº /2006", 31 de marzo, p. 45. Disponible en: www.elpais.com/.../20060403elpepuint_1_Pes_DOC.doc [Accedido el 06/03/2013]

[252] (IRUJO, 2004)

Mezquita del Profeta en Medina. Se trataba de un proyecto para el cual había sido contratado, y que explicaba, según él, sus continuos viajes a Arabia Saudí[253].

El tribunal no dio validez a esas explicaciones, y entendió que sólo existía un único proyecto de divulgación en Internet de las prédicas de los jeques de la órbita de Al Qaeda que defendían y justificaban religiosamente la yihad terrorista. Para ello no sólo estaba construyendo una página web con esos contenidos, sino también preparando la red informática que haría la función de servidores de esa página.

La Audiencia Nacional le condenó a una pena de prisión de diez años por el delito de pertenencia a organización terrorista. En 2013 se creó en Internet una página web en francés llamada "Comité de apoyo de Ahmed Brahim"[254] destinada a defender la inocencia del argelino, cuyos derechos humanos, consideraba, habían sido vulnerados con el pretexto de la lucha contra el terrorismo.

La célula de los Ansar en Burgos

En octubre de 2007 la Guardia Civil llevó a cabo la detención en Burgos de los integrantes de lo que consideró era una célula dedicada al fomento y al apoyo de la yihad global. Como consecuencia de esta operación, que recibió el nombre de "Bureba", fueron arrestados los argelinos Abdelkader

---

[253] SENTENCIA /2006, p.39.
[254] http://s173305393.onlinehome.fr/

Ayachine, Mohame Mouas, Smaine Kadouci y Yahia Drif, y los marroquíes Wissam Lotfi y Fatima Zahrae Raissouni.

Las fuentes policiales quisieron resaltar[255] el hecho de que era la primera vez que se detectaba una célula en España cuyas principales actividad tenía lugar en el ciberespacio, principalmente a través de la participación en foros y chats de contenido yihadista.

Sin embargo, el activismo mayoritariamente online del grupo, fue el resultado de una continua progresión desde lo físico a lo virtual. Los primeros pasos de esta célula coincidieron con un momento donde la penetración social de Internet era mucho más reducida, al igual que su utilidad como herramienta propagandística. Deberían pasar unos años hasta que se convirtiese en el instrumento de transferencia masiva de información que es actualmente. Así, por ejemplo, a principios de 2004, el líder del grupo recibió por mensajería un paquete de diez kilos lleno de CD's con propaganda yihadista, para que estos fuesen distribuidos manualmente entre sus seguidores[256]. En esta época, la descarga de archivos de gran tamaño, como los audiovisuales, aún consumía demasiado tiempo, lo que explica que la copia en CD de estos materiales y su distribución manual fuese el método más efectivo.

---

[255] LAZARO, FERNANDO (2007). "Detenidos en Burgos seis islamistas que captaban 'muyahidines' en Internet", El Mundo, 24 de octubre. Disponible en: http://www.elmundo.es/elmundo/2007/10/24/espana/1193212823.html
[256] AUDIENCIA NACIONAL. JUZGADO CENTRAL DE INSTRUCCIÓN nº 2. (2008). "Sumario nº 53/2008", p. 104.

Según la Guardia Civil, la célula había iniciado sus actividades en torno al año 2000, bajo la dirección del marroquí Bouchaib Magher. El grupo tenía su germen en los lazos que algunos de sus componentes seguían manteniendo con antiguos miembros del grupo terrorista argelino GIA, el cual se encontraba en estos momentos en un imparable declive como consecuencia de su brutalidad y los excesos cometidos en Argelia. La revista *Al Ansar*, elaborada desde Londres a modo de boletín oficial de noticias del GIA, jugó un papel fundamental en la creación de estos vínculos. Su redacción terminaría convirtiéndose en el punto de unión de una serie de radicales que posteriormente se dispensarían por toda Europa, aunque nunca abandonarían su compromiso con la lucha yihadista[257].

Antes de establecerse en España en 1998, Magher había residido legalmente en Suecia más de siete años tras casarse con una funcionaria gubernamental mucho mayor que él. Tras el divorcio, sería expulsado del país por sus vínculos con otros extremistas, como los que mantenía con el grupo liderado por Mohamed Moumou[258], un veterano de la yihad afgana que había tenido una responsabilidad fundacional en la creación del Grupo Islámico Combatiente Marroquí. Desde Estocolmo, Moumou había aprovechado su red internacional de contactos, para convertir Suecia en un punto neurálgico de la organización kurda Ansar Al Sunnah/Ansar al Islam[259], de la cual sería un destacado miembro, encargándose del envío de

---

[257] LIA, BRYNJAR and KJØK, ÅSHILD (2001) "Islamist Insurgencies, Diasporic Support Networks, and their Host States: The Case of the Algerian GIA in Europe 1993-2000", *FFI/RAPPORT-2001/03789*.

[258] Este marroquí, nacido Fez en 1965 y nacionalizado sueco también sería conocido por los apodos de "Abu Qaswarah", "Abu Sara" o "Abu Abdallah".

[259] ROGGIO, BILL (2008) "Al Qaeda in Iraq's second in command was a Swedish citizen", *The Long War Journal*, October 16. Disponible en:

voluntarios hacia Irak con el objetivo de combatir contra Estados Unidos y sus aliados[260].

Desde Suecia, Bouchaib Magher había podido establecer igualmente contacto con otras células, como las del marroquí nacionalizado danés Said Mansour[261], la cual desde 1992 había puesto en marcha desde su domicilio en Copenhague una editorial radical llamada Al Nur Islamic Information, dedicada a publicar y distribuir directamente propaganda. Mansour poseía una dilatada experiencia en la yihad mediática. En la década de los noventa ya había participado en la redacción de la revista *Al Ansar*, la cual era capitaneada por el clérigo Abu Qatada y el sirio-español Mustafa Setmarian. Cuando acabó su etapa de propagandista del GIA dejó Londres, aunque seguiría manteniendo una estrecha relación con el predicador palestino. Mansour también atesoraba un amplio conjunto de contactos personales con algunos de los más destacados miembros del movimiento yihadista internacional[262] como, por ejemplo, jeque Omar Abdel Rahman. Este egipcio ciego se había alojado en su casa de Dinamarca en un par de ocasiones antes de ser detenido en Estados Unidos por inspirar los atentados de 1993 contra el World Trade Center. Otro de sus contactos era el sirio-español, Imad Eddin Barakat Yarka, líder de la célula de Al Qaeda en España, al cual también alojó en su hogar, y al cual

http://www.longwarjournal.org/archives/2008/10/al_qaeda_in_iraqs_se.php#ixzz28jTJd9su [Accedido el 08/03/2013]
[260] Sumario nº 53/2008, p. 2664.
[261] Idem. pp. 2663, 2659.
[262] SULLIVAN, KEVIN (2005). "Denmark Tries to Act against Terrorism as Mood in Europe Shifts", *The Washington Post*, August 29, 2005; TAARNBY JENSEN, MICHAEL (2006). "An Overview and Analysis of Jihadi Activity in Denmark 1990-2006", *DIIS Working Paper*, nº 2006/35. Disponible en: http://www.flw.ugent.be/cie/documenten/jihad-dk.pdf [Accedido el 08/03/2013]

proporcionaba propaganda que este distribuía posteriormente en la Mezquita de Abu Baker en Madrid[263].

Magher pasaría un breve periodo en Marruecos, antes de intentar establecerse nuevamente en Europa. Tras su llegada por barco a Almería pasó un tiempo trabajando como recolector de frutas y albañil en el Levante español. Allí contrajo matrimonio nuevamente, en esta ocasión con una española conversa al Islam, con la cual tendría un hijo al que pondrían por nombre Osama. Magher se desplazó con su familia a Burgos. Contando con dinero que le facilitaron sus contactos en Suecia, puso en marcha dos negocios: una tetería, y una carnicería islámica. Esporádicamente también ejerció de imán en una mezquita de Burgos. Sin embargo, el matrimonio prefirió instalarse en lo localidad cercana de Briviesca, la cual contaba con una pequeña mezquita que carecía de responsable, lo que permitió a Magher encargarse permanentemente de dirigir el rezo de los viernes.

En las mesas de la tetería *Long Box Tanger* tuvo lugar una innumerable serie de tertulias que dieron como fruto las primeras incorporaciones a la célula de Burgos[264]. Algunas de estas personas, como el argelino Abdelkader Ayachine que acababa de salir de prisión muy radicalizado, tenían una clara disposición a integrarse en un grupo militante. Otras integrantes tenían un perfil mucho más vulnerable, como es el caso de Wissan Lofti y

---

[263] SUMARIO N° 53/2008, p.2680.
[264] Idem. p. 2660.

Abderrezak Jabri[265], que tenía apenas veinte años y seguían viviendo en un centro de acogida de menores.

En diciembre de 2002, Magher decidió visitar Marruecos por primera vez desde que se estableció en España. Sin embargo, tras cruzar la frontera con su esposa Eva, fue detenido por la policía, la cual había decretado una orden de busca y captura acusándole de transportar objetos robados desde Suecia con la intención de financiar a grupos armados. En mayo de 2003, se producirían los sangrientos atentados de Casablanca. Desde la cárcel, Magher fue acusado nuevamente, en esta ocasión de mantener vínculos con los responsables de la masacre. Dos de los implicados habían declarado durante los interrogatorios que Magher les había proporcionado casetes y libros de propaganda yihadista que este había traído a Marruecos desde Suecia[266]. Por esta relación, sería condenado a muerte, la misma pena que recibieron otros implicados con delitos de sangre.

La detención en Marruecos de Magher supuso una inevitable restructuración de la célula de Burgos. El argelino Abdelkader Ayachine, que era el alumno aventajado del grupo, y quien poseía más autoridad sobre el resto, se encargó no sólo de liderar la célula, sino también de regentar la carnicería islámica. Este establecimiento se convirtió en el

---

[265] Abderrezak Jabri, alias "Abu Lbaraa" abandonaría España para integrarse en la célula matriz en Suecia. Tiempo después sería detenido en Austria cuando viaja en tránsito hacia Siria, para ingresar desde allí a territorio iraquí y sumarse a la yihad. Idem. p. 2664.

[266] OLMEDO, ILDEFONSO y DEIROS-BRONTE, TRINIDAD (2003). "La Lucha de Eva "la conversa"", *El Mundo*, 20 de julio. http://www.elmundo.es/cronica/2003/405/1058789749.html

punto de encuentro del grupo, ya que la tetería había sido traspasada por Magher antes de su detención.

La figura de Ayachine es un ejemplo de las contradicciones que afectan a muchos de los individuos que abrazan la yihad militante como una vía para dar un sentido y un propósito a sus vidas.

Abdelkader, no había llegado a concluir sus estudios de filología árabe en la Universidad de Orán[267] cuando abandonó su país natal. Al igual que su predecesor en la carnicería burgalesa, a su llegada a España se había casado con una mujer española llamada Estrella. Tras la boda se estableció el Alicante, en el mismo edificio donde residía la hermana de su mujer y su marido. El carácter violento del argelino había hecho aparición a lo largo de su vida[268]. El 4 de julio de 1994, Ayachine tuvo una fuerte discusión con su cuñado. Este le insultó, llamándolo "moro asqueroso", y le tiró las gafas al suelo. Sin pensarlo más, Ayachine fue hacia la cocina de su casa y cogió un cuchillo de grandes dimensiones que le clavó en el hígado y el corazón. Arrepentido, bajó con su mujer a la calle para llamar a una ambulancia. Más tarde se entregaría en Comisaría. Su cuñado murió con 33 años, y Ayachine fue condenado a diez años de prisión, aunque saldría en libertad en 2001.

En prisión experimentaría un proceso de radicalización religiosa que transformaría su vida por completo. Uno de los rasgos visibles de esta

---

[267] Sumario nº 53/2008, p. 1228.

[268] P.C.P (2009). "La doble moral del carnicero", *Diario de Burgos*, 28 de abril.

transformación podía detectarse en su aspecto[269]. En las fotografía de ingreso podía contemplarse un varón con la cara afeitada y vestimenta occidental, tras salir de la cárcel, su rostro portaba una larga barba al estilo salafista y empezó a vestir ropas islámicas.

Tras establecerse en Burgos con su familia, Ayachine volvería a la cárcel unos días en abril de 2006, acusado de maltratar a su mujer y sus hijas. Sería condenado nuevamente a 12 meses de prisión por un delito violencia habitual y maltrato familiar, así como a la prohibición de comunicarse o acercarse a su familia en 3 años. Sin embargo, pronto quebrantaría la condena al volver a convivir con su mujer y tres hijos. En el momento de su detención por delitos de terrorismo, aún seguía conviviendo con su familia, incluyendo sus dos hijas de 10 y 12 años, la misma edad de algunas de las protagonistas de los videos pedófilos que el argelino alojaba en su ordenador.

Su afición a la pornografía infantil fue uno de los rasgos que mayor atención despertó entre los agentes que investigaron las actividades del líder de esta célula, debido a la aparente contradicción que suponía para un individuo que se presentaba ante sus seguidores como un piadoso creyente, y que era capaz de ejercer de imán, indicando a otros musulmanes como debían vivir su fe. Cuando la Guardia Civil inspeccionó su ordenador, junto con innumerables documentos de propaganda yihadista, aparecieron también numerosos archivos de imágenes y videos con pornografía infantil, así como rastros de numerosas sesiones de acceso

---

[269] Sumario nº 53/2008, p. 667.

a más de un centenar de webs de contenido pedófilo[270], un delito por el cual sería condenador en un proceso judicial diferente. La disonancia entre el fundamentalismo del argelino y su conducta abiertamente pecaminosa llevaron a los agentes a creer que los archivos podían ser tapaderas para ocultar algún tipo de mensaje a través de técnicas de estenografía. Sin embargo, la triste realidad era que dichos archivos no contenían nada más que abusos sexuales a menores. El consumo de este tipo de contenidos aberrantes se convirtió en una práctica habitual para este radical contradictorio, el cual no sólo rastreaba Internet para localizar contenidos que promovían y legitimaban la violencia terrorista, sino que también incluía en su buscador de Internet expresiones como: "niñas 12 años teniendo sexo con hombres de 19", "fotos de niñas de 15 años follando", "fotos vaginas niñas 12 años"[271]. Resulta más que significativa su capacidad para aislar ambas facetas de su personalidad, así por ejemplo, uno de sus contraseñas habituales para acceder a sus cuentas de correo o perfiles de usuario "militantes" era "qutada", en referencia al predicador radical Abu Qutada. Unas referencias religiosas que prefería mantener al margen para sus cuentas de correo pedófilas, a las cuales accedía con la desconcertante contraseña de "TORERO11"[272].

Ayechine, no sólo heredo el liderazgo de la célula de Burgos, sino también los contactos internacionales de Magher. Este se había encargado de introducir a su discípulo en estas redes para garantizar la continuidad de las

---

[270] ELICES, I. (2011). "La defensa de Ayachine sugiere que un "hacker" pudo manipular su ordenador", *Diario de Burgos*, 16 de febrero.

[271] SUMARIO Nº 53/2008, p. 488.

[272] Idem. p. 493.

actividades del grupo ante el supuesto de que él desapareciese. De eso modo, los contactos con las células de Suecia y Dinamarca continuaron siendo intensos. El propio Ayachine viajaría a ambos países en 2004 para visitar a sus "hermanos muyahidín"[273], a los cuales seguiría cultivando a través de numerosas llamadas telefónicas, correos electrónicos y envíos postales. Las buenas relaciones llevaron en 2005 al propio Said Mansour a realizar un viaje en coche desde Dinamarca para visitar a los miembros de la célula de Burgos. Durante los dos días que duró su estancia en España, Mansour aprovechó para hacer proselitismo y repartir los productos radicales de su editorial. La Guardia Civil encontraría en el domicilio de la única mujer del grupo, la marroquí Fátima Zahrae, fotografías alojadas en su ordenador[274] donde el propio Mansour aparecía posando de manera distendida. En su interrogatorio[275], Fátima se negó a contestar a las preguntas relacionadas por su relación con Mansour, aunque los agentes constataron en sus informes que desde la visita del danés la estableció una "relación fluida" con la marroquí, a la que siguió enviado los nuevos lanzamientos de su editorial radical[276].

Ayachine no olvidó al fundador de la célula de Burgos encarcelado en Marruecos, y emprendió una campaña de recolecta de donativos entre la comunidad magrebí de la ciudad, realizando incluso viajes a Madrid y Palencia para aumentar la recaudación. El argelino y sus seguidores no tenían problemas para pedir públicamente este Zakat (donativo preceptivo) en mezquitas y otros puntos de reunión, informando a su

---

[273] Ídem. p. 2681.
[274] Ídem. p. 1440, 1450.
[275] Ídem. p. 1438.
[276] Ídem. p. 2679.

audiencia que se trataba para de una limosna para "una mujer que tiene su marido en la cárcel". Cuando el nivel de complicidad era mayor, simplemente les decía que era para "un hermano preso por la causa de Dios"[277]. Ayachine utilizaba este dinero para realizar transferencias a nombre de la esposa de Magher y otros familiares, para que estos pudiesen hacer más llevadera su vida en prisión.

La célula de Burgos, que en sus inicios estuvo profundamente vinculada a través de contactos personales con la actividad de otras células similares en Europa, a medida que se iban produciendo la detención de sus líderes, fue quedándose progresivamente aislada de las redes yihadistas del continente. Said Mansour sería detenido por primera vez en Dinamarca en agosto de 2003, y posteriormente en 2005, acusado de alentar la realización de actos terroristas. La policía descubriría en su domicilio, una pistola y más de 5000 CD's con propaganda yihadista, un material que le acarrearía una pena de tres años y seis meses de prisión por incitación al terrorismo. Se trataba del mismo tipo de productos que durante años Mansour había editado y enviado por correo postal a la célula de Burgos, y que dejarían de nutrir al grupo burgalés. Cuando la Guardia Civil llevó a cabo el registro de los domicilios de los detenidos en la operación Bureba, encontró en la mayoría de ellos los materiales radicales editados Mansour a través de su sello Al Nur Islamic Information[278].

---

[277] Ídem. p. 2697.
[278] Idem. p. 2679.

Por otro lado, Mohamed Moumou huiría de Suecia en mayo de 2006, y permanecería en paradero desconocido[279], hasta que se pudo confirmar que se había unido a la organización Al Qaeda en Irak, convirtiéndose en el número dos de la organización, hasta que en octubre de 2008 fue abatido en Mosul por las tropas norteamericanas. Su salida de Europa, dificultó enormemente el contacto que mantenía "los Ansar" de Burgos con este prominente líder terrorista. En una conversación de chat en octubre de 2007, Ayachine le preguntaba a su interlocutor: "Tenemos unos hermanos en el querido Estado [refiriéndose a Irak] pero se han cortado las comunicaciones con ellos, desde hace tres meses. ¿Cómo podemos saber si están vivos, prisioneros o mártires?"[280]. El argelino cada vez era más consciente del incremento de la presión policial contra las redes yihadistas en Europa, en especial las que se estaban dedicando a enviar a combatientes a Irak o Afganistán. Se trataba de una situación que les provocó cierta desorientación al ser incapaces de seguir operando como lo habían hecho en el pasado. En esta misma conversación virtual, se quejaba ante su interlocutor que "los inmigrantes [refiriéndose e los musulmanes que viven en tierra de infieles] se encuentran perdidos en Al Andalus. (...) Aquí en Europa hay un ejército de muyahidines, Dios lo sabe, y sólo están esperando que se levante la vigilancia para unirse a vosotros"[281]

La degradación de la red Internacional de contactos del grupo de Burgos, y su incapacidad para facilitar el tránsito de aquellos que querían unirse a la yihad en el exterior, fue compensada por un incremento del activismo en

---

[279] Idem. p. 2674.
[280] Idem. p. 2673.
[281] Idem.

Internet, a través del cual siguieron nutriéndose de propaganda y realizando proselitismo a favor de la yihad terrorista, evitando así el aislamiento.

Ayachine era un usuario registrado de los principales foros yihadistas del momento como Al Faloja o Al Hesbah, desde los cuales descarga materiales y participa colgando comentarios. Sin embargo, su principal actividad de proselitismo en Internet se llevaba a cabo a través del popular servicio de chat online llamado *Pal Talk*. El argelino era uno de los moderadores de la sala de conversación llamada Al Ansar al Mujahdenn[282], un estatus que le permitía expulsar a los usuarios que no seguían las normas del grupo, o limitar el acceso a nuevos usuarios. En estas salas virtuales se congregaban todo tipo de radicales para mantener conversaciones escritas y de voz sobre la yihad. El carnicero entraba en la sala casi a diario para participar y controlar la actividad de los usuarios de este servicio. Además de las conversaciones sobre el estado de la yihad mundial y de los muyahidín, también se producía el intercambio de archivos y enlaces entre sus usuarios. Una curiosa coincidencia se produjo cuando en varias ocasiones, Ayachine interactuó con un usuario que utilizaba el nickname de "Sami", al cual solicitó si le podía facilitar varios materiales como un discurso de Osama, o una recopilación de les discursos del líder terrorista Abu Musab Al Zarqawi. Sami actuaba como un verdadero conseguidor de todo tipo de propaganda disponible en la red, y le proporcionó varios enlaces del repositorio digital llamado Internet

---

[282] Idem. p. 2664.

Archive[283] desde el cual poder descargar estos contenidos. Tal vez sea una mera coincidencia en los nombres, pero lo cierto es que la Guardia Civil detendría años después en Valencia al que apodaron como "el bibliotecario de Al Qaeda", un individuo que a lo largo de los años había utilizado variantes del apodo "Sami" para gestionar foros yihadistas en Internet y propagar todo tipo de contenidos de inspiración terrorista.

A pesar de que Ayachine estaba muy concienciado sobre la vigilancia que ejercía las fuerzas de seguridad sobre los partidarios del terrorismo yihadista, su uso de Internet y el de sus seguidores era escasamente compatible con el mantenimiento del anonimato. Los nombres que elegían para crear sus perfiles de usuario no sólo delataban su ideología, sino también algunos datos personales. De esa forma, junto a las recurrentes referencias a su condición de "Ansar", nombre que recibían los primeros partidarios del Profeta Mahoma, y que buena parte de los grupos yihadistas emplearon para denominarse asimismo y a sus seguidores, también deslizaba detalles de su biografía. Así, por ejemplo, Ayachine utilizaba el nombre de Abu Sumaya Al Ansary (El padre de Sumaya (nombre de su hija) "el partidario"), empleando la misma combinación con los nombres de su hijo Wissan y su hija Sara[284]. La expresión "ansar" estaba presente también en una de sus direcciones de correo electrónico. Otros dominios eran aún más explícitos como su cuenta omarabderrahman@hotmail.com en referencia al nombre del jeque ciego encarcelado en Estados Unidos por su implicación en el atentado contra el World Trace Center en 1993. Igualmente significativo era que utilizase como contraseña para todos sus

---

[283] Idem. p. 2268.
[284] Idem. p. 2664.

nicknames la expresión "quatada", en referencia al influyente predicador palestino afincado en Londres Abu Qutada[285]. Su escasa discreción, le llevó incluso al extremo de utilizar como melodía de su teléfono móvil uno de los himnos del grupo yihadista iraquí Ansar al Sunna[286].

No obstante, el grupo no se limitó al proselitismo, la apología terrorista y la captación a través de Internet, sino que siguió practicando el reclutamiento tradicional a través de reuniones clandestinas en la carnicería cuando esta permanecía cerrada. Mientras que algún seguidor se encargaba de vigilar desde la calle, en el interior del local se congregaba un buen número de jóvenes magrebíes para hablar de la yihad. En estas reuniones, Abdelkader Ayachine era el protagonista exclusivo. En sus alocuciones, no sólo hacia alarde de sus conocimientos religiosos, sino que también se vanagloriaba de haber sido uno de los muyahidín que combatió a los soviéticos en Afganistán, habiendo acabado con la vida de un buen número de ellos[287]. Se trataba de un relato de dudosa veracidad, pero que resultaba muy efectivo para reforzar su autoridad y predicamento entre los asistentes a estas reuniones clandestinas. Los agentes pudieron constatar al menos un caso exitoso de reclutamiento de voluntarios para integrarse como muyahidín en algunos de los escenarios donde los grupos terroristas operan de manera abierta y visible. Se trataba del caso de Abderrezaz Jabri, el cual viajó en 2004 a Estocolmo para unirse a la célula de Mohamed Moumou, como paso previo para viajar a Irak e integrarse en algunas de las organizaciones yihadistas que estaban atentando contra

---

[285] Ídem. p. 1244.
[286] Ídem.
[287] Ídem. p. 3.

Estados Unidos y sus aliados. Dicha incorporación no llegaría a producirse al ser detenido en Viena, cuando viaja en tránsito hacia Siria con documentación falsa[288].

La Guardia Civil se incautó de más de doscientos soportes informáticos que albergaban numerosa propaganda yihadista, así como manuales e información técnica para el manejo de armas y la fabricación de explosivos.

El juez decidió enviara a Ayachine a prisión, junto a su "mano derecha" Wissam Lotfi, de 26 años, con el cual pasaba días enteros, mientras que el resto quedó en libertad. Lofti se perfilaba como el sucesor de Ayachine. El carnicero había mantenido la tradición establecida por el fundador de la célula, de presentar sus contactos internacionales a su seguidor predilecto[289], para garantizar la continuidad del grupo en el caso de que él también resultase detenido.

Los investigadores identificaron a Ayachine como la persona que ejercía un liderazgo indiscutible dentro de un grupo que se autodenominaba los "Ansar" (partidarios), una célula radical dedicada a apoyar el terrorismo yihadista en sus diferentes frentes y ámbitos de actuación.

Cuando se celebró el juicio por los delitos de terrorismo, Ayachine se encontraba en libertad tras haber finalizado su periodo de prisión preventiva. A pesar de que estaba localizado un mes antes, cuando asistió en Burgos a su juicio por poseer contenidos pedófilos (una cita a la que acudió sin su característica barba salafista y prescindiendo de cualquier

---

[288] Ídem. p. 2732.
[289] Idem. p. 2679.

prenda islámica), el juez de la Audiencia Nacional tuvo que emitir una orden de búsqueda y detención tras no comparecer en el juicio que se celebró en marzo de 2011. Sería nuevamente detectado en Bélgica, donde fue detenido por la policía belga en mayo de ese mismo año.

Incluso con la ausencia de Ayachine, sí que tuvo lugar el juicio contra su lugarteniente Wissam Lofti, el cual negó los cargos. El marroquí reconoció que en su casa había propaganda yihadista, pero negó que fuera suya, sino de otras personas que habían pasado por allí, dejándola olvidada. Según él, tenía pensado deshacerse o quemar todos aquellos materiales, pero no lo había hecho porque en muchos de esos textos aparecía la palabra "Dios". Sería condenado a cinco años de prisión por colaboración con organización terrorista[290], una condena que poco después el Tribunal Supremo anularía[291] al entender que enviar dinero a familiares directos de presos terroristas para que atiendan a sus gastos, mientras que la persona que los alimentaba se halla en prisión, no constituía un delito de colaboración con organización terrorista.

La Audiencia Nacional también terminaría absolviendo[292] a Ayachine al considerar que a pesar de sus "ideas violentas", no había pasado "del plano del pensamiento a la acción", y por tanto no era culpable de un delito. Más sorprendente aún, resultó su apreciación de que sus aportaciones en

---

[290] AUDIENCIA NACIONAL. SALA DE LO PENAL (2011). "Sentencia n° 21/2011";

[291] TRIBUNAL SUPREMO. SALA DE LO PENAL (2012). "Sentencia N° 540/2012".

[292] E.P. (2012). "Absuelto el presunto islamista de Burgos porque no había pasado «a la acción»", *ABC*, 29 de agosto.

Internet, que Ayachine justificó en el juicio como un "chiste malo" el que deseara "que los aviones de Bush y Sharon se cayeran", o que se produjeran "catástrofes" en sus tierras, no constituían un delito de enaltecimiento del terrorismo, puesto que tuvieron lugar en un "foro privado", y por tanto carecían del requisito de "expresión o difusión pública" que exigía este tipo penal.

Gimnasio, porros y guerra santa

En junio de 2011 la Policía Nacional detuvo en el municipio canario de San Bartolomé de Tirajana al marroquí de 26 años Imad El Mouahhid, al cual acusó de los delitos de enaltecimiento y apología del terrorismo. La llamada "Operación Quijote" se había iniciado once meses atrás[293] cuando la policía descubrió que este joven nacido en Tánger se dedicaba a hacer proselitismo de la yihad terrorista entre musulmanes menores de edad. Según la policía, estas reuniones se llevaban a cabo en la Mezquita de Maspalomas, enclavada en un centro comercial, y en sus inmediaciones. Imad se dedicaba a mostrar a los menores videos yihadistas, algunos de ellos elaborador por él mismo, los cuales también colgaba en Internet para incrementar su difusión.

---

[293] GUERRA, P. y CABRERA, G. (2011). "Detenido en Maspalomas un yihadista que captaba a menores", *La Opinión de Tenerife*, 2 de junio.
http://www.laopinion.es/sucesos/2011/06/02/detenido-maspalomas-yihadista-captaba-menores/348984.html

El seguimiento policial de Imad se había iniciado años atrás, cuando los investigadores comprobaron que había mantenido contacto a través de correo electrónico con diferentes miembros del Grupo Islámico Combatiente Marroquí, los cuales se encontraban cumpliendo condena de cárcel en Marruecos[294].

Imad residía en una vivienda alquilada con otros dos compañeros de piso. En el interrogatorio a uno de ellos, este reconocía la afición de Imad por el visionado de videos yihadistas, aunque nunca pensó que pudiera ser un terrorista. En una entrevista en televisión, su compañero denunciaba el sufrimiento que había experimentado al encontrarse en casa durante el asalto de las fuerzas de seguridad, de hecho, ni siquiera pensó que los que había penetrado violentamente en su piso fuesen policías, sino que "podían ser ladrones, o no sé qué…porque Imad siempre está peleando con colombianos"[295] Según este marroquí, Imad era "una persona psíquicamente enferma", que alternaba los momentos de agresividad con los de relajamiento como consecuencia de su consumo de "porros".

Imad había llegado a la Península con catorce años viajando clandestinamente en los bajos de un camión con destino a Algeciras. Tras

[294] FERNÁNDEZ; ANTONIO J. (2011). "Libertad con cargos para al presunto terrorista islámico que captaba a menores", *La Provincia. Diario de las Palmas,* 3 de junio. http://www.laprovincia.es/canarias/2011/06/03/libertad-cargos-presunto-terrorista-islamico-captaba-menores/377315.html

[295] REDACCIÓN TELEVISIÓN CANARIA. "Es una persona psíquicamente enferma", *RTVC.es,* 2 de junio. http://www.rtvc.es/noticias/es-una-persona-ps%C3%ADquicamente-enferma-71455.aspx

ser descubierto, fue internado en un centro de menores de Málaga, hasta que un ciudadano español se ofreció a tutelarlo.

Según sus compañeros, era una persona que rezaba poco y con escasos conocimientos de religión, "aunque siempre cree que sabe de todo, y no es verdad"[296]. El imán de la mezquita donde supuestamente acudía a arengar a los menores, tenía un vago recuerdo de él, a diferencia de aquellos que sí acuden con regularidad[297]. De hecho, las visitas de Imad al gimnasio eran más frecuentes que a los lugares de oración. Según las personas que lo conocían, estaba más interesado en vestir camisas ceñidas y gafas de marca, y en las visitas a las discotecas de moda, algo que no hacía presagiar sus creencias fundamentalistas. En el momento de su detención, se encontraba esperando el nacimiento de su segundo hijo, aunque el primero para su pareja alemana (de buena familia según sus compañeros) la cual se encontraba en su hogar familiar de Alemania. En el pasado también había tenido una novia noruega.

A pesar de este estilo de vida, sus conocidos sí recordaban que hacía unos años se había dejado crecer una larga barba y cómo su carácter se había agriado. En una ocasión, había tenido una fuerte discusión con el imán de

---

[296] CABRERA, GREGORIO (2011). "Imad El Mouahhid, un musulmán de otro planeta", *La Opinión de Tenerife*, 3 de junio http://www.laopinion.es/sucesos/2011/06/03/imad-mouahhid-musulman-planeta/349182.html

297 CABRERA, GREGORIO (2011). "En la mezquita no se capta", *La Provincia. Diario de las Palmas*, 2 de junio. http://www.laprovincia.es/canarias/2011/06/02/mezquita-capta/377004.html

la mezquita y sus seguidores, a los que acusó de "no ser buenos musulmanes".

Un lobo en busca de la manada

Sólo habían pasado unos días del nuevo año 2011, cuando el ministro de Interior marroquí Taib Cherkaoui convocó a la prensa para informar de una importante operación contra las redes terroristas que operaban en su país. La gendarmería había detenido a veintisiete integrantes de lo que denominó "célula de Amgala", en referencia a la desértica localidad saharaui próxima al muro con Marruecos. Allí la policía había encontrado un amplio arsenal con más de una treintena de fusiles de asalto, varios lanzagranadas y una importante cantidad de explosivos[298]. Según el veterano político, el grupo era liderado por un marroquí miembro de Al Qaeda en el Magreb Islámico, y su propósito era establecer una base de su grupo en el territorio alauita. El ministro quiso hacer hincapié en que la célula mantenía relaciones con yihadistas establecidos por toda Europa, aunque no quiso facilitar el dato de a qué países se refería. Uno de ellos era España.

El líder terrorista apresado era Amine Salhi, el cual había sido detenido junto a otros tres compañeros en la frontera entre Marruecos y Argelia. Los agentes incautaron varios ordenadores y teléfonos móviles que se convirtieron en un filón de información para los servicios de inteligencia occidentales. En sus memorias se contenía las direcciones de e-mail y los

---

[298] AGENCIES (2011). "Morocco arrests 27 for planning terror attacks", Al Arabiya News, 05 January. http://www.alarabiya.net/articles/2011/01/05/132230.html

números de teléfono de miles de individuos dispersos por múltiples países[299]. Este fue el punto de inicio de una operación contraterrorista en España que se saldó con la detención en abril de 2013 del argelino Nouh Mediouni en Zaragoza y del marroquí Hassan El Jaaouani en Murcia.

La información obtenida por los agentes marroquíes se sumaba al aviso efectuado a la policía española por la inteligencia francesa. Los agentes galos dedicaban una gran atención a la monitorización de las comunicaciones procedentes de los yihadistas magrebíes. A los franceses les había llamado la atención los intercambios de correos electrónicos entre el dirigente de AQMI Amine Salhi, y un misterioso interlocutor que había abierto una cuenta de e-mail desde España y que utilizaba el pseudónimo de "Abu Katada"[300] en alusión al famoso predicador radical afincado en Londres. Los agentes españoles empezaron a rastrear la dirección IP desde la cual se efectuaban las conexiones y dieron con un cibercafé de la capital aragonesa. La vigilancia permitió identificar a Nouh Mediouni como el propietario de la cuenta de correo desde la cual se mantenía contactos con Al Qaeda en el Magreb Islámico.

Se trataba de un joven argelino de 23 años, que había llegado con su familia a España hacía más de nueve años, y que trabaja esporádicamente en el establecimiento. Mediouni, había realizado algunos trabajos temporales como teleoperador y técnico informático, y en ese momento se encontraba cursando un módulo superior de formación profesional en

---

[299] RENDUELES, LUIS y MARLASCA, MANUEL (2013). "Los lobos solitarios de Al Qaeda", *El Blog de Territorio Negro*, 29 de abril. http://blogs.ondacero.es/julia-otero/lobos-solitarios-qaeda_2013042900180.html

[300] Idem.

informática. Era una persona muy sociable, que se había convertido en el líder informal de un pequeño grupo de adolescentes musulmanes a los que había conocido en su instituto, en la mezquita y jugando al futbol[301]. Con ellos salía frecuentemente al campo a realizar excursiones, que el calificaba como "labores sociales"[302].

Tras se ser identificado, los agentes "pincharon" todas sus comunicaciones telefónicas y electrónicas, y empezaron a seguir de manera exhaustiva sus movimientos. A través de esta vigilancia pudieron descubrir que en el verano de 2010 había realizado un viaje a su país de origen, con la intención de viajar desde allí al Sahel y sumarse a las filas de AQMI. Sin embargo, el viaje resultó fallido porque las autoridades argelinas habían establecido un férreo control de su frontera sur para evitar que las redes yihadistas asentadas en el Sahel no pudiesen utilizar su territorio como zona de tránsito. Tras llegar a la ciudad de Tamenraset[303], próxima a Mali,

[301] ASÍN, N. (2013). "La Policía investiga a un grupo de jóvenes que el yihadista lideraba en Zaragoza", El Heraldo de Aragón, 28 de abril.
http://www.heraldo.es/noticias/aragon/2013/04/28/la_policia_investiga_grupo_jovenes_que_yihadista_lideraba_zaragoza_232171_300.html

[302] VELASCO, F. (2013). "El islamista detenido en Zaragoza, al juez: «Me dedicaba a labores sociales»", La Razón, 27 de abril.
http://www.larazon.es/detalle_normal/noticias/2046062/el-islamista-detenido-en-zaragoza-al-juez-m#.UYzRU8ppOCY

[303] ZULOAGA, J.M: (2013). "«Mimbar Ansar», la web de captación de Al Qaeda", La Razón, 6 de mayo. http://www.larazon.es/detalle_normal/noticias/2153153/mimbar-ansar-la-web-de-captacion-de-al-qaed#.Udfn80qG4my

su contacto no apareció y él tuvo que regresar a España frustrado por no haber podido "morir como un mártir"[304].

Mediouni había adquirido un teléfono que utilizaba exclusivamente para sus comunicaciones con sus reclutadores[305]. A su vuelta a España utilizó este número para contactar nuevamente con Amine Salhi y averiguar qué había pasado. Sus llamadas no obtuvieron respuesta. Mediouni desconocía que su contacto y el resto de la "célula de Amgala" habían sido apresados por la policía marroquí, así que recurrió sin éxito a la cuenta de e-mail que reservaba para sus comunicaciones con militantes yihadistas. No obstante, su teléfono móvil aún le permitiría mantener el contacto con los miembros de Al Qaeda en el Magreb. Tres meses después de estos intentos, recibió varios SMS enviados desde dos teléfonos vía satélite que eran utilizados desde Mali por Noureddine El Youbi, el lugarteniente del controvertido líder de AQIM Mokhtar Belmnokhtar. Desde estos mismos números se había gestionado el secuestro en un bar de Níger de dos jóvenes franceses

---

[304] MINISTERIO DEL INTERIOR (2013) "Detenidos dos presuntos terroristas de Al Qaeda en Murcia y Zaragoza con un perfil similar a los del atentado de Boston", *Nota Informativa*, 23 de abril. http://www.interior.gob.es/press/detenidos-dos-presuntos-terroristas-de-al-qaeda-en-murcia-y-zaragoza-con-un-perfil-similar-a-los-del-atentado-de-boston-15065?locale=es

[305] AUDIENCIA NACIONAL. JUZGADO CENTRAL DE INSTRUCCIÓN Nº 1 (2013), "Diligencias previas 82/2011. Auto", 26 de abril. http://estaticos.elmundo.es/documentos/2013/04/26/auto_prision_mediouni.pdf

en enero de 2011, los cuales serían ejecutados por los terroristas durante una fallida operación de rescate a manos de tropas francesas[306].

Internet había sido la puerta de entrada de Medionui a las filas de unas de las más importantes filiales regionales de Al Qaeda. El joven argelino era un usuario habitual de los foros yihadistas de la red. Fue a través de su participación en estas páginas donde había demostrado la suficiente radicalidad como para llamar la atención de los reclutadores de AQMI. Estos, tras haber sondeado su credibilidad, lo habían redireccionado progresivamente a sub-directorios y salas de conversación online reservadas para los más comprometidos. Fue en una sala de conversación del servicio *Paltak* denominada "Mimbar Al Ansar" (el lugar de los guerrilleros), donde el joven argelino contactaría directamente con Amine Salhi[307]. Las participaciones visibles para otros usuarios fueron dando paso a conversaciones privadas, y fue a través de estas donde Medionui pudo obtener los datos de contacto y las instrucciones necesarias para emprender un viaje que pretendían llevarlo hasta sus admirados muyahidín.

Internet fue también la válvula de escape que le permitió dar rienda suelta a su frustración por no haberse podido sumar a las filas de la yihad en Mali. A su vuelta a España siguió plasmando en la red su visión radicalizada de la

---

[306] THE TELEGRAPH (2011) "Al Qaeda claims kidnap of French hostages in Niger", *The Telegraph,* 14 January. http://www.telegraph.co.uk/news/worldnews/africaandindianocean/niger/8258557/Al-Qaeda-claims-kidnap-of-French-hostages-in-Niger.html

[307] ZULOAGA, 2013.

realidad: "Rusia y China nos matan en Siria. Francia nos mata en Mali. América nos mata en Yemen, Afganistán y (sic) Irak. Israel nos mata en Palestina. ¡Y todavía hay musulmanes que llaman a los Mujahidin "terroristas"!"[308]. Medionui utilizaba para sus desahogos plataformas tan escasamente clandestinas como sus cuentas en diferentes redes sociales. Su nueva obsesión era la muerte de musulmanes sunnitas a manos del régimen de Bassar Al Asad. El argelino demostraba una escasa preocupación por mantener su anonimato, posiblemente porque pensaba que estas actividades eran impunes, y no comprometían el resto sus otras actividades en Internet mucho más "sensibles". En *Facebook* creó un perfil de acceso público con el nombre de "Musulmanes de España"[309], cuya imagen de portada era una fotografía suya portando junto a un amigo la bandera negra con la *sahada*, el emblema utilizado por los grupos yihadistas. La imagen, que haría las delicias de los medios de comunicación, le mostraba posando sonriente frente a la Basílica del Pilar en Zaragoza. En *Youtube*[310] también había abierto un canal con su nombre y fotografía donde alojó un único video con imágenes del asalto violento de una muchedumbre a las embajadas de Reino Unido y Alemania en Jartún (Sudán) como protesta por la difusión de una película ofensiva contra el profeta Mahoma. También mantenía bajo pseudónimo una cuenta en Twitter[311], a través de

---

[308] AUDIENCIA NACIONAL, 2013: 4.

[309] https://www.facebook.com/RevolucionSiriaDesdeZaragoza

[310] http://www.youtube.com/channel/UCA1a7Tj721SH89fV83QwzcA

[311] @xmido90x

223

la cual seguía y replicaba los contenidos más destacados de numerosas cuentas de contenido yihadista.

Este exhibicionismo virtual era compatible con la adopción de numerosas medidas de ciber-seguridad para garantizar su anonimato cuando visitaba webs yihadistas o contactaba con los muyahidín. Así, por ejemplo, utilizaba el software de redireccionamiento llamado *Tor*, el cual permite oculta la procedencia del equipo utilizado, así como el contenido de la navegación. También tenía alojado en su ordenador un popular software elaborado por el Global Islamic Media Front llamado *Muyahiden Secrets 2*. Este programa había sido distribuido libremente a través de los portales yihadistas, para que sus usuarios pudiesen utilizar herramientas de encriptación, borrador de datos y otros servicios que contribuían a mejorar su anonimato en Internet[312].

El 15 de abril de 2013 estallaron dos bombas caseras entre el público congregado en la línea de llegada de los corredores del Maratón de Boston en Estados Unidos. El atentado había sido obra de los hermanos de origen checheno Dzhokhar y Tamerlan Tsarnaev. El país quedó conmocionado, no sólo por el carácter indiscriminado de unos ataques, sino también por el perfil de los autores. Los jóvenes Tsarnaev, aparentemente habían llevado a cabo este proyecto terrorista sin colaboración o vinculación con organizaciones formales. Eran el claro ejemplo de unos sujetos, que a pesar de estar perfectamente integrados en la sociedad americana, habían experimentado un proceso de auto-radicalización que les convirtió en

---

[312] AUDIENCIA NACIONAL, 2013: 3.

criminales dispuestos a morir matando. Ese mismo día, Nouh Mediouni replicaba en *Twitter* un comentario en árabe que había tenido éxito entre los internautas radicales: "lo que sientes ahora es lo que sienten los niños de Afganistán, Birmania, Siria Irak… #BostonMarathon".

Este cruel comentario y la preocupación instalada entre los gobiernos occidentales sobre la posibilidad de que algunos de sus radicales siguiesen el modelo de Boston, precipitó el desenlace de una operación policial que llevaba más de un año en marcha.

En la mañana del 23 de abril los agentes del Cuerpo Nacional de Policía irrumpían en el domicilio familiar de Nou Mediouni para llevar a cabo su detención y el registro de sus pertenencias. De manera simultánea hicieron lo mismo en la vivienda de Hassan El Jaaouani, un marroquí de 52 años que residía en Murcia. Aunque no estaban conectados entre ellos, sí que lo habían estado con los mismos reclutadores de Al Qaeda en el Magreb Islámico a través de Internet.

Jaaouani había llegado a España tan sólo dos años atrás, dejando en Marruecos a su mujer e hijos, a los que enviaba dinero. Según el Ministerio de Interior, estaba relacionado con el mundo de la pequeña delincuencia común[313]. Aunque formalmente estaba en paro, se dedicaba a la venta de chatarra y la reventa de objetos comprados en las inmediaciones de las tiendas de segunda mano. Una de sus adquisiciones más comunes eran teléfonos móviles. En el momento de su detención,

---

[313] MINISTERIO DEL INTERIOR, 2013.

tenía almacenados en su habitación alquilada en el barrio de la Purísima de Barriomar, 60 terminales, tres de los cuales tiró por la ventana[314] cuando los agentes irrumpieron en la vivienda que compartía con unos latinoamericanos.

La relación de Jaaouani con los yihadistas magrabíes también tenía un componente familiar. La hermana del marroquí había estado casada con un destacado líder de AQIM, aunque ya no mantenían relación. Ante el juez reconoció que hacía cuatro años había recibido llamadas de su excuñado, aunque este sólo se había interesado por el estado de sus hijos. No obstante, negó conocer la condición de yihadista de su familiar político[315].

Tras las detenciones, el Ministro de Interior quiso informar directamente a la prensa de la relevancia de estas detenciones. Según Jorge Fernández Díaz, el perfil de los detenidos respondía "al de "lobo solitario" como Mohamed Merah en Francia o los dos hermanos chechenos responsables del atentado en la maratón de Boston". Según el ministro existían "indicios más que fundados" para proceder a su detención ya que, según dijo, "integraban una célula afín a la red de Al Qaeda en el Magreb Islámico (AQMI)"[316]. El recuero del atentado de Boston estaba aún muy reciente y

---

[314] PAGOLA, J. (2013) "Uno de los yihadistas detenidos tiró por la ventana 3 de los 60 móviles que tenía", *ABC*, 24 de abril. http://www.abc.es/espana/20130424/abci-yihadistas-ventana-moviles-201304232207.html

[315] EUROPA PRESS (2013) "El detenido en Murcia como presunto islamista admite que habló con su ex cuñado, pero desconoce su vinculación con AQMI", *Europa Press*, 1 de mayo. http://www.europapress.es/murcia/noticia-detenido-murcia-presunto-islamista-admite-hablo-ex-cunado-desconoce-vinculacion-aqmi-20130501185335.html

[316] EUROPA PRESS (2013) "Los dos presuntos 'lobos solitarios' islamistas declaran este viernes en la AN", *Europa Press*, 25 de abril.

el ministro no quería que la respuesta policial a la amenaza yihadista pasara desapercibida. Para ello recurrió a todos los clichés que intuía podían despertar la atención de la opinión pública. El resultado fue un cúmulo de términos contradictorios e incoherencias. Difícilmente podías ser catalogados como "lobos solitarios" si al mismo tiempo se les acusaba de haber mantenido contacto con Al Qaeda y haber intentado integrarse en sus filas. Forzar la comparación del "lobo solitario" con los hermanos Tsarnaev (de los cuales se sabía poco), o el con asesino de Toulouse, del cual si se conocía su paso por campos de entrenamiento terroristas, tampoco ayudaba a entender los perfiles de los detenidos. Más confuso aún era hablar de que los detenidos integraban una "célula", cuando ninguno de los dos habían llegado a conocerse o a mantener algún tipo de contacto. Para añadir más confusión aún, la Audiencia Nacional en un acto inusual, se puso en contacto con la prensa y contradijo al Ministerio afirmando que los detenidos "no eran miembros de Al Qaeda"[317].

El juez Santiago Pedraz tras tomar declaración a los acusados, decretó prisión provisional incondicional para Nouh Mediouni, y dejó en libertad con medidas cautelares a Jaaouani. El padre del joven argelino, Kadoour, se convirtió en el principal portavoz de la inocencia de su hijo, afirmando en cualquier medio de comunicación que estuviese dispuesto a

---

http://www.europapress.es/nacional/noticia-dos-presuntos-lobos-solitarios-islamistas-declaran-viernes-an-20130425174125.html

[317] AGENCIAS (2013) "La Audiencia Nacional contradice a Interior y afirma que los dos detenidos no son de Al Qaeda", *El Diario*, 23 de abril.
http://www.eldiario.es/politica/detenidos-terrorismo-Qaeda-Audiencia-Nacional_0_124937673.html

entrevistarle que "mi hijo no puede matar ni una hormiga, de eso estoy convencido". Aunque reconocía que su hijo pasaba muchas horas en su habitación "estudiando", y que "hace cosas con la revolución de Siria, eso es normal"[318]. Jaaouani también recurrió a la prensa para defender su inocencia[319]. Más original fue su intento de limpiar su nombre acudiendo a una manifestación sindical con motivo del día del trabajo. Portando una bandera del sindicato Comisiones Obreras no tuvo reparo en declarar a la prensa que se manifestaba porque quería un trabajo, pero también por la necesidad de cambiar las leyes migratorias.

La metamorfosis

Hacía tiempo que los agentes de la Unidad Central de Análisis de los Mossos d'Esquadra habían incorporado como una de sus tareas cotidianas la monitorización de determinados perfiles en redes sociales. Especialmente los que podían resultar problemáticos por sus contenidos de apoyo a la violencia yihadista. Los contenidos de muchas de estas cuentas, administradas presuntamente desde Cataluña, se movían de manera intencionada en la ambigüedad que separa la libertad de expresión y lo que podía ser interpretado como un delito de apología del terrorismo. Para estos casos la consigna era seguir vigilando y recopilando información.

---

[318] LASEXTA.COM (2013) "Padre del islamista detenido: "Mi hijo no podría matar ni a una hormiga"", *Más Vale Tarde*, 24 de abril. http://www.lasexta.com/programas/mas-vale-tarde/entrevistas/padre-islamista-detenido-hijo-podria-matar-hormiga_2013042300238.html

[319] R.G. (2013) "El Jaaouani asegura que no pertenece a Al Qaeda", *La Opinión de Murcia*, 28 de abril.

De entre toda esta constelación de radicalismo de baja intensidad empezó a destacarse una cuenta de *Facebook* que había cruzado el umbral de lo permisible. Se trataba de la cuenta personal de un joven marroquí llamado Ridouan B.O., el cual había tomado la precaución de cambiar su nombre real por un pseudónimo. Sin embargo, su intento de pasar a la "clandestinidad virtual" resultó inútil, ya que con anterioridad estaba siendo vigilado por los investigadores, los cuales habían sido testigos de su progresiva radicalización. Los contenidos de su página habían experimentado una verdadera metamorfosis. Lo que era una cuenta personal donde intercambiar mensajes y fotografías con sus amigos, se había terminado convirtiendo en un espacio donde se alentaba abiertamente la realización de atentados terroristas[320]. Ridouan había expulsado de su cuenta a sus antiguas amistades y sólo admitía vínculos con cuentas con un interés claro en los contenidos de carácter radical.

Los agentes, que habían extendido la vigilancia también al "ámbito físico", se percataron de que la mutación de su cuenta de Facebook, era un reflejo de lo que estaba pasando en su vida. Aunque seguía viviendo con sus padres, y no tenía ningún oficio, había dejado de relacionarse con sus amigos de siempre, e incluso había abandona su colaboración con una ONG que impartía talleres de formación a jóvenes musulmanes.

---

[320] ÀREA DE COMUNICACIÓ - MOSSOS D'ESQUADRA (2013). "Els Mossos d'Esquadra detenen a Ulldecona un home relacionat amb el terrorisme islamista", *Gencat.cat*, 11 d'abril. http://premsa.gencat.cat/pres_fsvp/AppJava/notapremsavw/detall.do?id=192728

En su ámbito familiar había un elemento especialmente inquietante, que tal vez le sirvió de referente. Ridouan era sobrino de Samir Tahtah, un yihadista que había sido detenido en 2005 en Santa Coloma de Gramanet (Barcelona) en el marco de la llamada "Operación Tigris". Tahtah había sido el líder de una célula que desde una vivienda que habían bautizado como Al Kalaa ("La fortaleza") se había encargado de dar apoyo y enviar a voluntarios a combatir a Irak. También habían sido los responsables de dar cobijo y colaborar en la huida de varios de los autores de los atentados del 11 de marzo[321].

Ridouan replicaba en su cuenta muchos de los materiales radicales que encontraba en Internet. A veces, también realiza sus propias aportaciones. Sin embargo, en numerosas ocasiones se arrepentía de su osadía, y el mismo terminaba eliminándolas poco tiempo después de ser publicadas. Era muy consciente de la fina línea que le separaba de lo delictivo y no quería comprometer su seguridad.

El conflicto en Siria terminó monopolizando el interés de este marroquí de 23 años. Las referencias a la necesidad de combatir la yihad y apoyar a los muyahidin en este escenario fueron ganando cada vez más protagonismo. Los investigadores creyeron que de hecho esta podía ser uno de los planes de Ridouan, el entablar el viaje hacia Siria para unirse a los yihadistas. Sin embargo, no habría obtenido el permiso de su padre, algo que le había

---

[321] AUDIENCIA NACIONAL – JUZGADO CENTRAL DE INSTRUCCIÓN Nº 5 (2009). "Sentencia Nº 31/2009", 30 de abril. http://estaticos.elmundo.es/documentos/2009/05/12/tigris.pdf

frustrado profundamente. Los Mossos empezaron a temer la posibilidad de que el marroquí reorientase su frustración contra un "objetivo doméstico".

El 9 de abril de 2013 se produjo su detención en la pequeña localidad tarraconense de Ulldecona. Era el desenlace lógico de la llamada "operación Kafka", una investigación que había dado comienzo dos años antes. Los agentes incautaron su ordenador, lápices de memoria, CD's, cassetes, libros y manuscritos. Un autentica montaña de información que en el momento de elaborar este libro aún no había podido ser analizada en su totalidad.

El juez Santiago Pedraz, de la Audiencia Nacional, le acusó formalmente de un delito de distribución o difusión pública de mensajes o consignas dirigidos a provocar la perpetración de delitos terroristas, aunque decidió dejarlo en libertad provisional con la obligación de comparecer semanalmente y la prohibición de viajar al extranjero[322].

Al volver a su casa, canceló su cuenta en *Facebook*.

---

[322] EUROPA PRESS (2013). "El presunto islamista que difundía la "Yihad" en su página de Facebook queda en libertad", *Europa Press*, 12 de abril.
http://www.europapress.es/nacional/noticia-presunto-islamista-difundia-yihad-pabina-facebook-queda-libertad-20130412133546.html#AqZ1Rw1A4lH4JZYT

CAPÍTULO 6: LOS FONTANEROS DE LA YIHAD ONLINE

Cada hombre es una Luna con una cara oscura que a nadie

enseña, tienes que deslizarte por detrás si quieres verla.

Mark Twain (1835-1910)

La actual presencia de las organizaciones yihadistas en Internet no sería posible sin una amplia red de colaboradores que ponen en marcha y administran las páginas webs en torno a las cuales se congrega la comunidad de partidarios del terrorismo en Internet. A pesar de que algunos de ellos no forman parte de la estructura de una organización que emplee la violencia, sus acciones resultan esenciales para que el mensaje radical siga siendo accesible a pesar del continuo hostigamiento que recibe a través del ciberespacio. Son los "fontaneros" de la yihad online, un valioso colectivo de voluntarios que decidió apoyar la lucha de los muyahidín, no a través de las armas, sino con la gestión de los espacios webs donde se justifica y promueve el terrorismo.

Aunque tienen mucho menos visibilidad que aquellos internautas que crean los contenidos, sin su discreta labor de gestión, estos espacios colapsarían rápidamente. La puesta en marcha de un foro yihadista y todo lo que le rodea, implica un ingente trabajo que suele pasar desapercibido. Los "fontaneros" diseñan la estructura de estas plataformas, buscan destinos seguros donde alojarlas, solucionan las incidencias técnicas y mantienen el contacto con los grupos y personalidades que proporcionan los contenidos. Sin embargo, una de sus principales funciones es la de mantener la coherencia interna de estas plataformas. La interacción de miles de usuarios encierra el peligro potencial de la heterodoxia. Los gestores de estas páginas se encargan de vigilar que los usuarios no cuestionen la necesidad de la yihad terrorista y sus métodos. Para ello controlan quienes acceden a estas páginas y cuál es su comportamiento, expulsando aquellos que rompen la uniformidad de pensamiento. De ese modo se consigue que los foros yihadistas de Internet sean bloques compactos de pensamiento, cuyos seguidores sólo pueden avanzar por el camino de la radicalización, pero nunca por el de la auto-crítica.

España ha albergado a individuos que han desempeñado esta importante función dentro del entramado terrorista de Internet. Las investigaciones policiales han permitido descubrir el elevado perfil de algunos de estos ciber-yihadistas, pero también su capacidad de compatibilizar un perfil público de aparente normalidad, con una identidad radical a la que sólo dan rienda suelta frente a la pantalla de un ordenador. Los siguientes perfiles, son un buen ejemplo, de hasta qué punto resulta difícil conocer en plena era digital cuando estamos frente al verdadero "yo" de una persona.

La doble vida de un buen chico

El 27 de agosto de 2010, la Guardia Civil, tras una compleja investigación que contó con la colaboración de los servicios de inteligencia de múltiples países, detenía en El Poble Nou de Benitatxell (Alicante) a un marroquí de

26 años llamado Faisal Errai[323]. Los agentes le acusaban de ser el administrador de uno de los principales foros yihadistas del momento. Por primera vez en España se llevaba a cabo la detención de uno de los miembros clave de la infraestructura yihadista en Internet, posiblemente el más importante hasta el momento. Un logro que sólo fue posible gracias a los nuevos mecanismos de investigación desarrollados por la Guardia Civil para contrarrestar el dominio técnico del joven marroquí, el cual había sido capaz de mantener su anonimato en la red durante años.

Según los investigadores[324] Faisal era un "dirigente" de la Red Ansar al Muyahideen (RAAM) desde al menos 2008, siendo el responsable de haber registrado y pagado algunos de los dominios donde se alojaba el influyente foro en árabe Ansar al Muyahidin[325], una plataforma en la cual ostentaba el rango de máximo responsable. La página era considerada por los especialistas como uno de los principales canales para la distribución de la propaganda elaborada por organizaciones yihadistas[326], así como un espacio para la socialización y la radicalización de cientos de internautas. En el momento de la detención de Faisal, el foro contaba con cerca de

---

[323] BAQUERO, ANTONIO (2010). "Detenido en Alicante el gestor de un peligroso foro islamista", *El Periódico de Cataluña*, 29 de agosto.

[324] AUDIENCIA NACIONAL. JUZGADO CENTRAL DE INSTRUCCIÓN nº 2. "Diligencias Previas 120/09-F. Faiçal Errai". Disponible en: http://estaticos.elmundo.es/documentos/2010/08/31/auto_audiencia_nacional.pdf [Accedido el 08/03/2013]

[325] http://as-ansar.com/vb/index.php
[326] SOCIETY FOR INTERNET RESEARCH (2011). "Top Ten Jihadi Forums, as of 14 February, 2011", *Internet Haganah,* February 14. Disponible en: http://internet-haganah.com/harchives/007162.html [Accedido el 08/03/2013]

5.500 usuarios registrados, los cuales habían escrito más de cien mil entradas en sus diferentes apartados.

Errai, que había aprendido informática de manera autodidacta, dirigía esta plataforma virtual utilizando los apodos de "Elhkklas" y "Abu Hafs". En esta función era asistido por cuatro internautas de alto nivel[327]. Formaban un selecto grupo de confianza con el cual acordaba los más importantes asuntos relacionados con la gestión de este importantísimo pilar de la infraestructura terrorista en Internet. En el momento de la detención de Errai, esta reducida élite de ciber-yihadistas prácticamente había desaparecido. Uno de sus miembros de origen yemení, Ghazwan Al Yemeni, el protegido de un importante líder de Al Qaeda, había muerto a principios de año en un ataque con drones en Waziristán del Norte[328]. Ghazwan había participado en el complot que consiguió acabar con la vida de siete agentes de la inteligencia estadounidense y un oficial jordano en el ataque suicida de diciembre de 2009 contra el campamento militar de Camp Chapman en Afganistán. Con la muerte de este experto en explosivos de treinta años, la CIA iniciaba su particular venganza contra las responsables del principal golpe sufrido por la agencia desde el 11-S. En junio había sido detenido en Marruecos otro de sus componentes, Tarek

---

[327] SOCIETY FOR INTERNET RESEARCH (2010). "Ansar al-Mujahideen: Zombie forum badly in need of brains", *Internet Haganah*, September 4. Disponible en:

http://internet-haganah.com/harchives/006972.html [Accedido el 08/03/2013]

[328] ROGIO, BILL (2010). "Key al Qaeda operative killed in US strike in North Waziristan", *The Long War Journal*, March 17.
http://www.longwarjournal.org/archives/2010/03/key_al_qaeda_operati.php#ixzz2TC7zMRQD

Defaoui (Abu Aisha), y un mes después otro nuevo integrante de origen sirio, Hussan Saoud (Abu Umar) sería apresado en Alemania y condenado a cinco años de prisión por sus actividades de apoyo al terrorismo en Internet[329]. El último miembro libre de lo que había sido la élite del foro Ansar Al Muyahidín, era un estudiante de medicina jordano llamado Haitham Bin Muhammad al-Khayat, el cual se había convertido en uno de los autores más afamados de los foros yihadistas con su pseudónimo Abu Qandahar. Este joven de aspecto retraído se había obsesionado con la figura Humam al-Balawi, el terrorista suicida responsable del ataque contra la estación de la CIA en Afganistán. Veía en este agente doble a su alma gemela: ambos eran jordanos, habían estudiado medicina y se habían labrado un nombre dentro de los foros yihadistas de Internet. Abu Qandahar se dedicó a glosar en Internet las virtudes de su compatriota, al cual presentaba como un modelo que debía ser imitado: "Los escritores pueden crear algo grande, pero bajo una condición: ellos deben morir para que sus pensamientos puedan vivir. No olvidéis su voluntad (en referencia a al-Balawi) y seguir su camino"[330]. Sus deseos aparentemente se verían cumplidos cuando alcanzo "el martirio" tras ser destrozado por un misil estadounidense a finales de 2010.

---

[329] SPIEGEL (2012). "Promoting Terror Online: Al-Qaida 'Media Warrior' Gets Five Years", *Spiegel Online*, March 22.
http://www.spiegel.de/international/germany/suspected-al-qaida-propagandist-convicted-in-germany-a-823072.html

[330] FLADE, FLORIAN (2010). "Death of an Online-Jihadi – From Cyberspace to Battlefield", *Jih@d. News Of Terrorism, Jihadism & International Politics*, December 21.
http://ojihad.wordpress.com/2010/12/21/death-of-a-online-jihadi-from-cyberspace-to-battlefield/

A pesar de los infortunios sufridos por el equipo dirigente del foro, siguió existiendo una estructura superior que permitió la supervivencia de este proyecto de apoyo a los grupos yihadistas a través de Internet. La Guardia Civil estaba convencida que el foro Ansar Al Muyahidin era sólo la parte más visible de una organización jerárquica y perfectamente estructurada, a cuya cabeza se situaba el Consejo de la Shura, un grupo selecto de siete reputados ciber-yihadistas que consensuaban sus decisiones antes de trasmitirlas a escalones inferiores como el propio Faisal Errai. Los miembros del Consejo se hacían llamar "jeques", y a pesar de estar situados en países tan distantes como Arabia Saudí, Kuwait y Dinamarca, conseguían mantener un contacto fluido utilizando las salas de conversación privadas que habían abierto en el servicio *Paltalk*.

El aparatoso dispositivo policial desplegado para llevar a cabo la detención de tan importante objetivo, sorprendió a unos vecinos que nunca llegaron a sospechar de este marroquí nacido en Rabat. Faisal residía en desde hacía más de siete años en un barrio popular junto a su madre Rachida. Una vez más, a la vista de todos parecía "perfectamente integrado". En el momento de su arresto estaba en el paro, aunque había trabajado como repartidor de muebles y en numerosos empleos no cualificados relacionados con la industria del turismo. Este perfil de "normalidad", fue sin duda uno de los aspectos que mayor asombro produjo entre las personas que lo habían conocido. El párroco[331] de una iglesia cercana se desplazó hasta el cuartel de la Guardia Civil para interceder por el joven,

---

[331] FERNÁNDEZ, NOELIA y AGUADO ALICANTE, J. (2010) "Conmoción en Benitatxell", *El Mercantil Valenciano*, 30 de agosto. Disponible en: http://www.levante-emv.com/comunitat-valenciana/2010/08/30/conmocion-benitatxell/734839.html [Accedido el 08/03/2013]

asegurando a los agentes que debía tratarse de un error. La propia madre, que se había casado poco tiempo antes con un vecino del pueblo de religión cristiana, negaba la radicalidad de su hijo asegurando que él "nunca rezaba"[332].

Faisal era voluntario de Protección Civil, había aprendido valenciano, y era un asiduo de los bares y locales de ocio de su localidad. Los agentes que se encargaron de convertirse en su sombra comprobaron que el apuesto Faisal era un verdadero "Don Juan", especializado en seducir a las numerosas turistas extranjeras que visitaban las playas y la noche de Alicante. Algunos países europeos habían advertido públicamente a sus nacionales, especialmente, a las mujeres jóvenes, que fuesen muy cuidadosos a la hora de relacionarse con desconocidos durante sus vacaciones en España, debido a los numerosos casos de agresiones sexuales y robos cometidos contra extranjeros, especialmente si estaban ebrios o sometidos a los efectos de alguna droga. Muchos de estas víctimas, nunca llegaban a denunciar estos delitos por sentirse avergonzadas de las condiciones en las que se habían producidos los abusos. Preferían dejar atrás ese recuerdo traumático y volver a sus hogares como si nada hubiese sucedido. Para hacer frente a esas reticencias, Faisal ocultaba a sus ligues su nacionalidad, o inventaba identidades que transmitieran tranquilidad sobre sus intenciones.

---

[332] EMV. "La madre de Errai Faical: «Yo, sin mi hijo, me muero»", *El Mercantil Valenciano,* 29 de agosto. Disponible en: http://www.levante-emv.com/comunitat-valenciana/2010/08/29/madre-errai-faical-hijo-muero/734622.html [Accedido el 08/03/2013]

Aunque este estilo de vida había causado cierto escepticismo entre los responsables del caso, la investigación de sus actividades en el ciberespacio confirmaba que la persona que se ocultaba tras el rol de administrador senior del foro Ansar al Mujahidin era Faisal Errai. El marroquí había interceptado y utilizado de manera fraudulenta la línea ADSL de su vecino para enmascarar aún más sus actividades en la red[333], a las cuales dedicaba buena parte de sus largas noches, en las que reservaba sólo unas pocas horas al sueño.

Sus actividades en Internet a favor de la yihad eran incesantes. Mantenía contactos regulares con los representantes designados por las organizaciones terroristas, para que estas pudiesen remitirles sus últimos productos propagandísticos. Con algunos de estos enlaces, como el talibán Abdallah Al Wazir, llegó a realizar algunos servicios de importancia, como comprar varios dominios de Internet donde alojar las webs oficiales del Emirato Islámico, e incluso editar varios videos reivindicativos del secuestro de occidentes.

Las labores de la Errai no se limitaban al ámbito de la propaganda. Su red de contactos y su privilegiada posición dentro de un foro donde a diario se producían cientos de interacciones entre usuarios radicales del todo el planeta, le permitió crear rutas a través de las cuales los voluntarios yihadistas podían alcanzar algunos de los anhelados "frentes de la yihad" como Afganistán, Chechenia o Somalia.

---

[333] EUROPA PRESS (2010). "Prisión para el presunto islamista detenido en Alicante", *Europa Press*, 31 agosto. http://www.europapress.es/nacional/noticia-prision-presunto-islamista-detenido-alicante-20100831181816.html[Accedido el 08/03/2013]

El joven marroquí era un activo reclutador online de aspirantes a convertirse en "mártires". Cuando aseguraba la credibilidad del aspirante, les proporcionaba información sobre las rutas que debían seguir para evitar ser interceptados, y a qué contactos debían dirigirse para acceder a algunos de los grupos armados que operaban en estos escenarios. En sus conversaciones de chat, se vanagloriaba de haber ayudado a huir a varios radicales a la región fronteriza de Waziristán, entre ellos media decena de individuos relacionados con la red desmantelada en Burgos en 2008 por la Guardia Civil en la llamada "Operación Bureba". Errai también realizaba gestiones para obtener financiación, y hacía llegar el dinero para los viajes de los huidos y los nuevos voluntarios.

Errai también puso su abultada agenda al servicio de algunos proyectos terroristas dentro de Europa. A través de Internet ponía en contacto a personas que se complementaban para formar equipos capaces de culminar con éxito un atentado. Especialmente destacadas fueron sus gestiones de coordinación de una célula que tenía como objetivo cometer un atentado en Bélgica. Faisal puso en relación al belga de 27 años Hassan Hamdaoui[334], con otros activistas saudíes y chechenos. Hamdaoui reconocería que el plan quedó frustrado por la imposibilidad de obtener "aquello", lo que impidió que se consumase un ataque que "se escribiría en

[334] DUPONT, GILBERT (2011). "Le terroriste souffre de folie", *La Dernière Heure*, (20/9).   http://www.dhnet.be/infos/faits-divers/article/369102/le-terroriste-souffre-de-folie.html

la historia de Europa". Posteriormente sería detenido junto a su hermano y otros miembros del grupo salafista radical *Sharia4Belgium*[335].

La importancia el Errai, provocó que poco tiempo después de su detención, el foro Ansar Al Muyahidín dejase de estar operativo, y que no volviese a reaparecer en el ciberespacio hasta siete meses después[336]. La detención del máximo administrador del foro era la culminación de una oleada internacional de arrestos que había ido mermando los escalones intermedios de esta plataforma y cerrando el cerco contra su máximo responsable. Entre abril y junio de 2010, Marruecos había desmantelado dos células terroristas que pretendían atentar dentro del país. Entre los 35 detenidos, había cinco colaboradores del foro dirigido por Errai. Arabia Saudí había detenido en marzo a uno de los voluntarios que había captado para cometer un atentado suicida en la zona de Afganistán y Pakistán. En abril, los franceses detuvieron a otro miembro de la plataforma relacionada con las células desmanteladas por Marruecos. Alemania había detenido en julio en Hussam Saoud, uno de sus más cercanos colaboradores, encargado de gestionar la versión en alemán de su foro. El complot terrorista facilitado por Errai había sido igualmente desmantelado por las detenciones den Bélgica, Holanda y Alemania de once individuos más.

---

[335] VANDENBERGH, JOCHEN (2010) "Terreurverdachten gelinkt aan Sharia4Belgium", *Nieuwsblad,* 24 November. http://www.nieuwsblad.be/article/detail.aspx?articleid=8A32NIQT

[336] TORRES SORIANO, MANUEL R. (2013). "The dynamics of the creation, evolution and disappearance of terrorist Internet forums", *International Journal of Conflict and Violence*, Vol. 7 n° 1, pp. 1-14.

El juez decidió enviarlo a prisión preventiva. Desde la cárcel remitió una carta[337] a un periódico donde negaba su relación con actividades terroristas y denunciaba haber sido "maltratado y torturado". La misiva pretendía rebatir algunas de las pruebas utilizadas para inculparlo. Así, por ejemplo, con respecto a la compra del dominio donde se alojó un foro terrorista, argumentaba que al ser informático y encontrarse desempleado se dedicaba a "comprar y vender dominios por Internet". Su visita a foros radicales, se debía a su interés "por conocer gente de todo el mundo", autocalificándose como un "analista de páginas web, que entraba en muchas direcciones de Internet", entre ellas las "miles de páginas islamistas que se manifiestan contra los gobiernos corruptos".

A pesar de los desmentidos de Errai, poco tiempo después de su detención, el propio foro Ansar al Muyahidin publicaba un comunicado "A propósito de la noticia de la detención del Hermano Abu Hafs". En el mensaje se pedía a los musulmanes que rezasen por la suerte de su hermano, y pedía tranquilidad a los seguidores del foro, informándoles que "Abu Hafs" no poseía ninguna información que comprometiese el funcionamiento y la seguridad de los usuarios de la página. En el mismo comunicado se lanzaba la advertencia a "los cruzados de España, y los perros de la inteligencia de Marruecos y Jordania" que "la misión del foro

---

[337] NEUS GÓMEZ, NEUS (2011). "El joven de Benitatxell en prisión por terrorismo islámico dice que sólo vendía dominios de internet", *Diario Información*, 14 de marzo. Disponible en: http://www.diarioinformacion.com/alicante/2011/03/14/joven-prision-terrorismo-islamico-niega-acusaciones/1104497.html [Accedido el 11/03/2013]

no finalizará hasta que Al Andalus vuelva de nuevo a las tierras del Islam y se establezca el gobierno de Dios sobre los apóstatas y sus ayudantes"[338]

El Gobierno de España aceptaría la solicitud de extradición[339] por parte de Marruecos, país que acusaba a Faisal de haber sido miembro durante 2007 del llamado "Yahia Mahmoud Darouich Al Hindi", una banda presuntamente creada para cometer e incitar actos terroristas a través de Internet. Según la Policía Judicial de Casablanca, el acusado dirigía el club de debate *Islamiline*, en el que se debatía sobre la yihad.

La perspectiva de que terminase cumpliendo condena en las duras cárceles de Marruecos hizo que Errai se derrumbase. Al poco tiempo de ingresar en prisión solicitó hablar con los agentes que lo habían detenido y les ofreció colaborar plenamente a cambio de rebajar la gravedad de su futuro penitenciario. El joven marroquí contó a los agentes todos los detalles del funcionamiento de la infraestructura virtual que había gestionado durante años, algo que había conseguido sin nunca haber contactado personalmente con algunos de sus interlocutores.

---

[338] DEPARTAMENTO DE ANSAR AL-MUJAHIDEEN. "Aclaración con respecto a la noticia de la detención del hermano de Abu Hafs" (en árabe), 4/9/2010. Disponible en: http://www.as-ansar.com/vb/archive/index.php/t-27892.html [Accedido el 11/03/2013]

[339] LA MONCLOA (2010). "Continuación del procedimiento de extradición a marruecos del presunto terrorista Faiçal Herrai", 22 de octubre. Disponible en: http://www.lamoncloa.gob.es/consejodeministros/referencias/_2010/refc20101022.htm#Extradicion [Accedido el 11/03/2013]

Durante la celebración de su juicio, Errai realizó una confesión plena de sus actividades, reconociendo como la red se financiaba "sobre todo a través de personas con poder económico que viven en Arabia Saudita o Catar"[340]. La plena colaboración de Errai fue reconocida de manera expresa por el tribunal que le juzgó en julio de 2013[341]. La Audiencia Nacional le condenó a una pena de seis años de prisión por "colaboración" con la Red Ansar Al Muyahidin, un grupo al cual calificó en su sentencia como "grupo terrorista", algo que sentó un importante precedente judicial a la hora de enjuiciar la gravedad de las actividades de apoyo al terrorismo en Internet. Según la sentencia RAAM "es una estructura organizada que opera desde 2005 en Internet" y que tiene la "finalidad" de hacer "propaganda de ideas justificadoras del uso de la violencia con fines políticos y religiosos, en la clave de acción y métodos de Al Qaeda y grupos similares"[342]. A pesar de esta apuesta de la sentencia por constatar la gravedad y peligrosidad de este tipo de plataformas en Internet, la sentencia realizaba una argumentación sorprendente sobre la responsabilidad de Errai en este conglomerado virtual. Según el texto judicial, había que tener en cuenta que el joven marroquí "no llegó a tratar

---

[340] FERLUGA, GABRIELE (2013). "Seis años de prisión para un informático que creaba webs para yihadistas", *El País*, 2 de julio.

[341] BALLESTEROS, ROBERTO (2013). "La Audiencia Nacional declara organización terrorista al 'brazo electrónico' de Al Qaeda", *Seguridad y Tribunales*, 2 de julio. http://www.seguridadytribunales.es/la-audiencia-nacional-declara-organizacion-terrorista-al-brazo-electronico-de-al-qaeda/

[342] AUDIENCIA NACIONAL. JUZGADO CENTRAL DE INSTRUCCIÓN n° 2. (2013). "Sentencia n° 47/2013", 2 de julio. Disponible en: http://static.presspeople.com/attachment/b5880a6291dc41c69f1dabaa6f028c18

o conocer personalmente a los miembros y responsables de RAAM, cuya identidad desconocía, limitándose a aportar conocimientos informáticos". El deseo de premiar la colaboración de Errai con las fuerzas de seguridad, llevó a los magistrados a desdibujar su responsabilidad presentándolo como un mero "colaborador" que "ayuda a las actividades de la organización mediante contribuciones episódicas (…), demostrando que no está al servicio permanente de la estructura". Además de optar por el delito de "colaboración" con organización terrorista y no por el más grave de "pertenencia", el tribunal presidido por Fernando Grande Marlaska elegía el escalón más bajo de la horquilla de penas para este delito, sentenciando al marroquí con seis años de prisión, frente a los diez años que como máximo podía haber sentenciado al acusado.

Mi nombre es Genio

El 17 de agosto de 2011, la Guardia Civil arrestó en la Línea de la Concepción (Cádiz) al marroquí Abdellatif Aoulad Chiba de 37 años de edad. La detención era el resultado de varios meses de monitorización de conversaciones telefónicas y actividades en Internet de un sujeto que se hacía llamar en la red Abu Hudaifa Al Musuli ("el que odia al infiel") tras un aviso de la inteligencia marroquí. La operación policial se había precipitado como consecuencia de una serie de acciones sospechosas, que llevaron a los investigadores a creer que Abdellatif estaba a punto de llevar a cabo un atentado terrorista en suelo español.

Sus mensajes en los principales foros yihadistas evidenciaban una creciente radicalización y una agresividad que apuntaba más allá de la mera retórica. Abdellatif era uno de los miembros de las plataformas online Al Shumukh y Ansar Al Muyahidin, donde había sido distinguido como usuario distinguido por su elevado nivel de participación en sus páginas. Su contacto con los usuarios de estas plataformas era frecuente, para lo cual también utilizaba el software "Muyahidin Secrets", para sacar partidos a sus funciones de encriptación y navegación anónima.

Al mismo tiempo había creado su propio foro y un perfil de *Facebook*[343] llamado "Red de la Verdad informativa" (en árabe). En el foro donde ejercía el papel de único administrador, trataba de imitar la estructura y funcionamiento de las dos páginas anteriores, de las cuales se abastecía de contenidos que posteriormente colgaba en su propia plataforma. En una conversación con una usuaria[344] de estas páginas, Abdellatif la animaba a participar en el equipo que administraba la "Red de la Verdad Informativa", el cual había sido creado para "reforzar y apoyar" a las otras páginas, y que con el tiempo se convirtiese en "fuente y archivo a los otros miembros y sus trabajos". Sin embargo, su iniciativa no tuvo demasiado éxito. Durante sus tres meses de existencia, el foro no fue capaz de superar los 13 usuarios registrados a pesar de que sus páginas llegaron a alojar más 7.800 temas de conversación y 10.000 post procedentes de otros páginas, los cuales eran colgados diariamente por Abdellatif.

---

[343] SOCIETY FOR INTERNET RESEARCH (2011). "thetruthn.com: jihadi media distribution fórum", *Internet Haganah*, May 19. Disponible en: http://internet-haganah.com/harchives/007328.html [Accedido el 11/03/2013]

[344] AUDIENCIA NACIONAL. JUZGADO CENTRAL DE INSTRUCCIÓN Nº 3 (2011). "Diligencias previas 126/2011", 20 de agosto, p. 13. Disponible en: http://www.elpais.com/elpaismedia/ultimahora/media/201108/20/espana/20110820 elpepunac_1_Pes_PDF.pdf. [Accedido el 11/03/2013]

En uno de sus frecuentes mensajes en estas páginas llegó a proclamar:

> "Mata a un infiel y golpea a Europa y América. El paraíso se encuentra a la sombra de las espadas (…) Dios mío, concédeme el martirio por tu causa. Que mi cuerpo vuele en pedazos por amor a ti, hasta el punto de no poder reunirlos y enterrarlos en la tumba (…)"[345].

Sus deseos de protagonizar una acción armada contra los "infieles" se veían acompañados de peticiones en uno de esos foros de primer nivel de ayuda técnica para llevar a cabo un atentado empleando venenos y sustancias químicas:

> "(…) pido a los hermanos proporcionarme la fórmula de un veneno mortal, de alta eficacia con el fin de introducirlo en los canales y depósitos de agua que suministran a los turísticos (sic) y viviendas en tierras de los infieles"[346]

Sus peticiones, repletas de expresiones que expresaban urgencia y ansiedad por llevar a cabo este tipo de acciones[347], fueron atendidas por un usuario que le remitió el enlace para la descarga de un manual titulado "La enciclopedia de los venenos". Otro internauta le facilitaría la "receta" para la producción de la toxina de botulina, algo que fue agradecido por Abdellatif anunciando que haría la prueba y le informaría de los resultados.

---

[345] Idem.

[346] Idem.

[347] Así, por ejemplo, en un post escrito en el 19 de mayo de 2011 rogaba: "os pido que no os olvidéis del asunto que os he pedido (…) sé que no es fácil llevar a cabo esta búsqueda. Os pido por Dios que no escatiméis en responder a mi petición que pido de forma insistente". Idem. p. 5.

El marroquí deseaba sentirse miembro de una de las organizaciones que llevan a cabo la yihad, y decidió publicar un post donde efectuaba públicamente una declaración de lealtad (bayat) a Al Qaeda y más concretamente al emir de su filial Al Qaeda en el Magreb Islámico:

> "Pongo por testigo a Dios Todopoderoso…que me comprometo a ser fiel al monoteísmo y la yihad toda mi vida, no rechazo ningún compromiso de fidelidad que no sea sospechoso, si queda solamente en la tierra solamente un hombre que luche por la causa de Dios, le seguiré hasta la victoria (…)"[348].

Esta proclamación de lealtad era consecuencia de su deseo de vengar la muerte del "jeque" Osama Bin Laden, tal y como alentaron las diferentes organizaciones yihadistas tras la muerte del líder terrorista: «Quién sabe, puede que pronto escuchéis algo que colmará vuestros corazones, hermanos de fe».

En poco tiempo, tuvieron lugar una serie de actos desconcertantes que hicieron que los investigadores pensasen que Abdellatif había atravesado un punto de no retorno en sus planes terroristas. Solicitó la baja de su línea doméstica de conexión a Internet, aunque continuó participando en los foros yihadistas a través de una conexión *wifi* que le proporcionaba el propietario de un bazar chino cercano a su vivienda, con el que mantenía una relación de amistad. Los agentes creyeron que con esa maniobra

---

[348] Idem. p. 11.

pretendía cerrar un "punto débil"[349] que podría comprometer su anonimato en la fase final de su plan.

Abdellatif mantuvo una conversación telefónica con otro marroquí al que le preguntó dónde podía comprar una de esas pistolas "de las que parecen de verdad". Poco tiempo después adquiría en una tienda de artículos militares, la réplica de arma de fuego. Tras esta compra volvió a participar en el foro Al Shumukh colgando una fotografía donde podía contemplarse la falsa pistola sobre el teclado de su ordenador, un Corán y su mano dentro de un guante haciendo la señal del *tawhid*, un gesto común en el universo yihadista, consistente en extender el dedo índice de la mano como símbolo de la unicidad de Dios. Acompañando a la imagen había escrito un enigmático mensaje dirigido al resto de participantes: "No abro Shumukh al Islam si no tengo mi arma conmigo, ¿acaso tú estás conmigo, mi hermano miembro de Shumukh, la yihad y el martirio?"

Su creciente agresividad y sus continuas invocaciones a que Alá le concediese el "martirio" empezaron a ser interpretados por el resto de usuarios como una señal de que se encontraba inmerso en una acción terrorista inminente, lo que fue celebrado en las páginas del foro radical.

Abdellatif cogió un vuelo hacia Barcelona para encontrarse con su esposa española en Gerona. Sin embargo, anticipó su billete de vuelta, y regresó a su domicilio de la Línea cinco días más tarde. Allí siguió colgando nuevos post en los foros yihadistas donde animaba a otros internautas a "golpear

---

[349] Idem.

Europa y América" y a pedir a Alá que le concediera la muerte por su causa.

Pocos días después telefonearía en varias ocasiones a sus parientes en Marruecos. Los agentes detectaron que parecía ansioso por poder hablar de manera extensa a través de Internet ya que debía contarles "algo importante". Tenía un especial interés en poder contactar con su esposa marroquí Khadija, lo que intentó en más de quince ocasiones hasta poder conversar finalmente con ella. Sin embargo, se limitó a pedirle que se conectase a través de Internet ya que necesita hablar. Para ello le pidió que evitase hacerlo a través de un locutorio ya que la conversación era importante.

El día siguiente llamó de madrugada a su otra esposa española, Cándida. Sin embargo, en su conversación no abordó ningún tema que justifique esa urgencia. Se limitó a insistir en su amor por ella, en lo que los agentes interpretaron como una "despedida tácita".

La Guardia Civil entendió que Abdellatif se encontraba embarcado en las fases finales de un complot terrorista y decidieron no correr el riesgo de mantener la vigilancia para seguir recabando pruebas. La magnitud y madurez de su plan era una incógnita, lo que les llevó a emplear en la detención y registro de su domicilio a perros adiestrados en la detección de explosivos, así como a especialistas en desactivación de artefactos.

La detención de Abdellatif puso bajos los focos de la opinión pública a un personaje contradictorio y desconcertante. Este marroquí nacido en Casablanca se ganaba la vida en España ejerciendo una actividad tan escasamente islámica como la videncia. La fachada de su vivienda alquilada se encontraba empapelada con sus propios carteles publicitarios donde se mezclaba imágenes de pirámides, faraones, cruces, el ying y el yang, y el marketing de lo paranormal:

«Mi nombre es Genio. Astrólogo profesional. Estoy en contra de la magia negra. Curamos los problemas de mala suerte, mal de ojo, amor y pareja. Soluciono problemas de negocio, ventas, compra de casas, fincas y coches. Comunicación espiritual con seres queridos. Solo te cobro cuando se cumplan tus deseos[350]».

Los que le conocían coincidían en señalar sus habilidades sociales para encandilar a hombres y mujeres, a los que vendía sus pócimas, o conseguía que se hiciesen cargo de sus gastos[351]. Su presencia no pasaba desapercibida. Se paseaba por las calles de La Línea con un llamativo sombrero y una guayaba blanca, y no solía relacionarse con otros musulmanes. Con este tipo de actividades mantenía a sus dos familias paralelas, una mujer en España, y otra en Marruecos, así como a sus tres hijos. La contradicción entre sus actividades diurnas como vidente, y sus inacabables noches frente al ordenador dando rienda suelta su alter-ego

---

[350] BALIN, MATEO (2011). "El pitoniso de Al-Qaida", *laverdad.es*, 18 de agosto. Disponible en: http://www.laverdad.es/murcia/v/20110818/espana/pitoniso-qaida-20110818.html [Accedido el 11/03/2013]

[351] MORCILLO, CRUZ (2011). "El último yihadista encarcelado se ganaba la vida como vidente", *ABC*, 28 de agosto. http://www.abc.es/20110828/comunidad-canarias/abcp-ultimo-yihadista-encarcelado-ganaba-20110828.html

yihadista "Al Musuli" no le supuso ningún problema. Antes de llegar a España en 2007 y ganarse la vida como "pitoniso" ya había sido relacionado con el yihadismo. La Guardia Civil había tenido conocimiento que al menos desde 2007 ya era usuario de estas páginas de contenido yihadista, razón por la que había sido detenido en Jordania durante 28 días y expulsado del país. Sin embargo, los agentes sólo pudieron rastrear los seis meses anteriores a su detención, sobre los cuales aún existían rastros de sus actividades virtuales.

En el registro domiciliario los agentes encontraron planos técnicos sobre pozos, una evidencia que llevó a los investigadores a establecer la hipótesis de que su objetivo era el ataque contra las redes de suministro de agua de instalaciones turísticas como campings y similares. Abdellatif, negó que el fuese la persona tras Musuli, aunque sí reconoció que se había interesado por él, y por eso descargó todos los materiales y la información que encontró sobre este usuario. Según su propia declaración, su propósito era ganarse su confianza, de ahí la fotografía con el arma simulada, para posteriormente vender supuestamente esa información a los servicios de inteligencia. Sin embargo, fue incapaz de dar una explicación convincente de cómo había sido capaz también de obtener los correos privados dirigidos al tal Musuli, sin ser la misma persona.

Durante el juicio, ofreció nuevas variantes de su explicación de por qué frecuentaba y participaba activamente en los foros yihadistas de Internet. Según su abogado, el marroquí "guardaba información sobre redes islamistas para "comercializarla" a terceros como la cadena de televisión *Al*

Jazeera o al "mundo occidental" para que se defendiera de "ataques futuribles""[352]. Ante las preguntas sobre los contenidos hallados en su ordenador, incluyendo su juramento de fidelidad al líder Al Qaeda en el Magreb Islámico, Abdellatif no dudó en presentarse como un experimentado "hacker", que se limitaba a conservar en su ordenador los contenidos que conseguía arrebatar a los radicales de Internet[353]. Fiel a su reputación de embaucador, recurrió a todos los resortes que creyó podrían ayudarle, desde presentarse como un patriota: "Quiero colaborar con la Policía española porque vivo en España y quiero a España"[354], hasta apelar a los sentimientos del tribunal para tratar de eludir la pena: "No puedo dejar a mi familia y mi trabajo. Yo le juro por Dios que no tengo nada que ver con el veneno de agua, con bombas o armas". También imploró no ser expulsado a Marruecos, ya que, según él, la Policía marroquí quería "vengarse" e intentaría "matarlo"[355]. Según su relato, la policía marroquí le había obligado bajo amenazas contra su familia a trabajar para ellos recabando información sobre AQMI. Estos dos supuestos meses de

---

[352] REDACCIÓN (2013) "El presunto islamista arrestado en La Línea jura "por Dios" que no quería envenenar a nadie", *Área. El diario del Campo de Gibraltar*, 24 de junio. http://www.campodegibraltar.es/2013/06/24/el-presunto-islamista-detenido-en-la-linea-jura-por-dios-que-no-queria-envenenar-a-nadie/

[353] EUROPA PRESS (2013). "La Audiencia reanuda mañana el juicio contra islamista que presuntamente ideó un plan para envenenar depósitos de agua", *Europa Press*, 26 de junio. http://www.europapress.es/andalucia/sevilla-00357/noticia-reanudan-lunes-juicio-contra-islamista-planeaba-envenenar-agua-complejo-turistico-20130623112352.html

[354] Idem.

[355] Idem.

colaboración forzosa le habían llevado a visitar países como Qatar, Siria, Jordania y Emiratos Árabes, hasta que decidió huir a España[356].

La Audiencia Nacional le condenaría a dos años de prisión por un delito ha sido condenado por un delito de difusión del terrorismo por difundir vídeos, imágenes y noticias de organizaciones terroristas yihadistas en Internet. Con respecto a las acusaciones sobre sus supuestos planes para envenenar depósitos de aguas, la sentencia consideró que no existía un plan ideado que hubiera dado algún principio de ejecución, exculpándolo, por tanto, de esos delitos[357].

El bibliotecario de Al Qaeda

El 27 de marzo de 2012 la Guardia Civil detuvo en Valencia a Mudhar Hussein Almaliki, de 51 años. Los agentes le acusaron de ser un importante gestor de algunos de los principales foros yihadistas del momento. En una rueda de prensa donde se informaba de los detalles del operativo en el que habían participado más de un centenar de agentes, el Ministro de Interior Jorge Fernández Díaz, utilizó el apelativo del "bibliotecario de Al Qaeda" para designar al detenido[358]. La expresión

---

[356] EFE (2013). *Un acusado dice que hackeaba foros yihadistas para vender datos de Al Qaeda",* El Confidencial, *14 de junio.* http://www.elconfidencial.com/ultima-hora-en-vivo/2013/06/acusado-hackeaba-foros-yihadistas-vender-datos-20130614-160651.html

[357] S.E. (2013). "Condenado a dos años de prisión por difundir videos de Al Qaida en Internet", *ABC*, 16 de julio.

[358] BELAZA, MONICA y SIMON, FEDERICO. (2012). "Detenido en Valencia el conocido como el "bibliotecario" de Al Qaeda", *El País*, 27 de marzo.

tuvo éxito y fue ampliamente recogida por la prensa. Se trataba del apodo por los agentes que habían seguido el rastro digital a lo largo de más de un año de este jordano nacionalizado saudí.

Almaliki residía en España desde hacía más de quince años, con su esposa española de su misma edad y una hija adolescente, las cuales vestían al estilo occidental. Se trataba de un hombre discreto y educado que raramente se dejaba ver por su barrio. Sus escasas salidas se dedicaban a acompañar a su hija al colegio, una actividad que abandonó cuando esta se hizo mayor. Almaliki permanecía todo el día en casa conectado al ordenador, mientras su esposa, trabajadora de limpieza, salía a diario para mantener a la familia[359].

Los investigadores resaltarían el nivel de dedicación de Almaliki a la gestión de los foros yihadistas, una actividad a la que dedicaba a diario entre 8 y 15 horas. Un esfuerzo permanente que le había proporcionado un elevado estatus dentro de la estructura de gestión de algunas de las principales plataformas de propaganda yihadista. Los agentes resaltaron el carácter jerárquico del funcionamiento de estas páginas, como por ejemplo, el popular foro Ansar Al Muyahidin, en el cual ocupaba un puesto en el reducido "núcleo duro" de decisión. Almaliki pertenecía a esta red desde al menos 2005, formando parte como miembro senior (o jeque) de su Consejo de la Sura (consejo consultivo), un órgano encargado de discutir y elaborar las directrices de funcionamiento que posteriormente serían obedecidas por el resto de miembros de la red. No

[359] BELAZA, MONICA y SIMON, FEDERICO (2012) "Merah es uno solo, pero es un león que ha resistido 30 horas", *El País*, 27 de marzo.

obstante, la participación de Almaliki estaba subordinada a la decisión de otros miembros de mayor nivel que establecían directrices sobre que contenidos debían abordarse en cada momento.[360]

La aportación del "bibliotecario" a este entramado virtual era múltiple. Por un lado, era el responsable de supervisar una de las salas de conversación de la popular plataforma de chats online Paltalk. A través de su pseudónimo "Abd Alwadod" se encargaba de que la sala denominada "Minbar ALAnSaR", funcionase correctamente. Para ello vigilaba la ortodoxia ideológica y religiosa de las conversaciones, y dinamizaba su funcionamiento coordinándose de manera privada con otros usuarios, para conseguir que la sala estuviese siempre atendida por una persona de confianza.

Sus participaciones en la elite de los foros yihadistas habían sido reconocidas por sus gestores con la incorporación de "distinciones" a su perfil de usuario, como "esfuerzo aplicado", "excelente" o "brillante". Su condición de veterano había sido ganada tras una dilatada trayectoria, que le había llevado, por ejemplo, a escribir 2.000 post en el foro Shamukh, y 7.000 en el foro Al Faloja[361]. Desde su domicilio colgaba materiales para garantizar que siempre estuviesen disponibles en el ciberespacio, alababa

[360] AUDIENCIA NACIONAL. JUZGADO CENTRAL DE INSTRUCCIÓN N° 5 (2012). "Diligencias Previas 26/2011", 30 de marzo, p. 13. Disponible en: http://ep00.epimg.net/descargables/2012/03/30/d61bac3fc1fa90da6d87e2edd6e1fbe4.pdf. [Accedido el 11/03/2013]

[361] INTERNET HAGANAH (2012) "In search of al-Qaida's naughty librarian [Muhdar Hussein Almalki]", *Internet Haganah Forum*, April 2. Disponible en: http://forum.internet-haganah.com/showthread.php?774 [Accedido el 11/03/2013]

las contribuciones de otros usuarios, y realizaba sus propias aportaciones cargadas de radicalidad y odio: "Acaba con el enemigo sionista y con sus aliados gobernantes apóstatas y sus soldados. ¡Morid por vuestra ira!"; "Da la victoria a los muyahidín, por tu causa, en todas partes. Hazles alcanzar sus objetivos. Ponles firmes. Haznos seguirles"[362]. Refiriéndose al asesino de Toulousee, Mohamed Merah, el cual había sido abatido por la policía francesa solo unos días antes de su detención, llegó a escribir: "Es una sola persona, pero es un león que ha resistido más de 30 horas frente a un ejército al que llaman fuerzas especiales que temblaron por el asalto".

Una de sus aportaciones más significativas en estos foros, fue su participación en una "tormenta de ideas" en el foro Shumukh. La página había efectuado un llamamiento a sus usuarios para que lanzasen propuestas sobre quienes debían formar parte de una lista de personalidades que podrían ser objetivo de atentados individuales. Almaliki a través de su pseudónimo Sami123 propuso ocho nombres con sus respectivas fotografías, entre las que se encontraban los presidentes Obama, Bush (padre e hijo), Bill Clinton, Tony Blair, la secretaria de Estado Madeleine Albright, y los españoles José María Aznar y Javier Solana[363].

El "bibliotecario" pretendía ampliar la difusión de la propaganda yihadista, así como de otro tipo de contenidos prácticos, con nombres tan significativos como el llamado "Curso sobre venenos y gases venenosos

---

[362] (BELAZA Y SIMÓN, 2012).

[363] DILIGENCIAS PREVIAS 26/2011, p. 6.

más populares", "Curso de explosivos del jeque Abu Khabab Almasri", o el "Programa del oficio del terrorismo". Para ello había subido múltiples archivos de esta naturaleza a repositorios de acceso público en Internet, especialmente el popular portal archive.org. El propio Almaliki, se encargaba de convertirlos en diferentes formatos para facilitar su recepción, y proporcionaba en sus conversaciones en las salas de chat y los foros, los enlaces a esos materiales. En el momento de su detención, sus contribuciones a este popular portal habían sido descargadas más de 70.000 veces.

El registro de su hogar, detectó más propaganda yihadista impresa y en formatos electrónicos, así como una incriminatoria agenda donde tenía anotada las claves de acceso a sus diferentes perfiles de usuario en estas páginas.

EPÍLOGO

Si los hombres definen una situación como real,

será real en sus consecuencias.

W.J. Thomas (1863-1947)

Cuando se hablaba de la relación entre Internet y terrorismo inmediatamente después de los atentados del 11-S de 2001, era inevitable tratar de justificar las ventajas que los violentos habían encontrado en este instrumento tecnológico. De alguna manera se asumía que un grupo de fanáticos que abogaban por un orden propio de la Edad Media no debían sentirse especialmente cómodos frente a un teclado y un ratón. Sin embargo, ni los más rudos e iletrados muyahidín mostraron nunca ningún tipo de contradicción en utilizar cualquier creación del enemigo, si esta podía servir a los fines de la yihad. De esa forma, Al Qaeda y sus afines se expandió por la red con una creatividad y capacidad de adaptación muy superior a la mostrada por sus equivalentes terroristas de ideología secular y origen occidental.

En el momento de redacción de este libro, carece de sentido explicar por qué los yihadistas han realizado una apuesta decidida por las nuevas tecnologías de la información. Lo extraordinario sería que no lo hubiesen hecho. Internet ha pasado a formar parte de nuestras vidas con la misma naturalidad que hace décadas lo hizo la televisión o el teléfono. Dar de lado a esta faceta de las nuestras experiencias vitales, hubiese restado efectividad a estos grupos, arrojándolos a una marginalidad informativa escasamente compatible con el mundo actual.

De igual modo, muchos de los argumentos que se utilizaban en ese momento para justificar esa apuesta digital se han visto superados, y otros han sido revertidos. Así, por ejemplo, se hablaba de cómo Internet ofrecía la posibilidad de concitar la atención de los medios de comunicación de masas, la verdadera llave que permitía que el mensaje terrorista llegase al gran público. A día de hoy, esos grandes medios que los terroristas ansiaban alcanzar, no sólo están languideciendo frente a la pujanza de Internet, convirtiéndose en ocasiones en meros replicantes tardíos de las noticias que nacen y se propagan de manera planetaria a través de la red.

Por otro lado, el Internet actual poco tiene ya que ver con esa "tierra de nadie" que era a finales de 2001. Difícilmente se puede argumentar hoy día que en el ciberespacio hay "poca o ninguna regulación, censura u otras formas de control gubernamental"[364]. Los servicios de inteligencia, agencias de seguridad y fuerzas armadas necesitaron una serie de años para adaptar su actuación a este nuevo campo de actuación. Durante ese lapso de tiempo existió la percepción de que los terroristas llevaban la iniciativa en un mundo virtual del que sólo extraían ventajas. La situación actual no sólo dista mucho de ser esa, sino que puede afirmarse que se han invertidos los términos. Internet se ha convertido en la principal fuente de obtención de inteligencia contra el terrorismo. Un conjunto creciente de

---

[364] WEIMANN, G. (2004) "www.terror.net: How Modern Terrorism Uses the Internet", United States Institute of Peace, Washington D.C. . Disponible en: http://www.usip.org/sites/default/files/sr116.pdf

proyectos terroristas han sido desbaratos a través de investigaciones que tuvieron su punto de inicio en el ciberespacio. Del mismo modo, un amplio conjunto de radicales han sido detectados y neutralizados únicamente por sus "rastros digitales".

La difusión de informaciones como las filtradas en 2013 por el ex trabajador de la Agencia de Seguridad Nacional de los Estados Unidos Edward Snowden sobre los programas clandestinos de vigilancia digital de este país, no hacen sino reafirmar muchas de las sospechas que tenían los yihadistas sobre cómo la impresionante capacidad tecnológica de su enemigo había convertido el ciberespacio en un territorio cada vez más hostil y peligroso. No sería descabellado, que en este continuo "juego del ratón y el gato" entre terroristas y sus perseguidores, asistamos en los próximos años a un retraimiento táctico de la actividades terroristas en Internet, ante la certeza de que su seguridad es incompatible con una presencia activa en el ciberespacio, y que por el momento, pueden hacer muy poco por evadir el cerco tendido por sus enemigos.

Sin embargo, es difícil que los terroristas se "evaporen" de Internet y se centren exclusivamente en procedimientos "tradicionales". Las tecnologías de la información no sólo están presentes de manera ubicua en el mundo que nos rodea, sino que son un campo de batalla inexcusable si los violentos pretenden alcanzar sus objetivos. El ritmo de expansión del terrorismo en Internet ha sido paralelo al del resto de la sociedad. El motor detrás de este movimiento no ha sido únicamente las ventanas de oportunidad que continuamente abría esta tecnología, sino también el relevo generacional entre sus usuarios.

Una clasificación sociológica que ha tenido especial éxito a la hora de catalogar a las personas en función de cuando sumaron Internet a sus vidas, es aquella que distingue entre "inmigrantes digitales" y "nativos digitales". Los primeros empezaron a utilizar esta herramienta en su vida adulta. Sus primeras experiencias vitales, su proceso educativo y su socialización tuvieron lugar en un momento donde este instrumento no existía, o no les resultaba accesible. Aunque puedan llegar a convertirse en expertos usuarios de Internet, su relación será profundamente distinta a las de los "nativos digitales": aquellas generaciones que han crecido dentro de un contexto donde el ciberespacio era una parte más de sus vidas. Los "inmigrantes" sólo pueden llegar a imaginar el tipo de relaciones que los "nativos" pueden llegar a establecer con este nuevo entorno. Nunca podrán experimentar la intensidad de una relación de amistad, amorosa o de odio gestada exclusivamente en el ámbito virtual. Sólo pueden llegar a intuir lo que significa que la distinción entre "mundo físico" y "virtual" carece de sentido para un "nativo": que existe un continuo que hace real sus experiencias con independencia de donde se hayan desarrollado.

Los "nativos digitales" están tomando el relevo en el mundo del terrorismo en Internet, y este cambio generacional afectará profundamente a la forma en que se manifiesta este fenómeno. Los procesos de radicalización violenta serán más imprevisibles y complejos, así como los detonantes que llevan a un individuo a adoptar la determinación de matar.

Las afrentas que el terrorismo utiliza para legitimar su violencia se verán afectadas igualmente por esa desaparición de la línea que separa lo físico de lo virtual. En los últimos años no han escaseado los episodios de sujetos que decían convertirse en los vengadores de las injusticias que tenían lugar a miles de kilómetros de distancia, en lugares donde nunca había estado, y que eran padecidas por personas a las cuales sólo le unía una empatía generada a través del visionado de videos y el consumo de materiales radicales a través de Internet. Este fenómeno se verá previsiblemente incrementando en una sociedad repleta de "nativos digitales".

Uno de los elementos de cambio más sensibles para la seguridad de los españoles es precisamente como la línea temporal que separa el pasado del presente también se verá atenuada bajo el prisma de los fanáticos nacidos en un mundo digital. Nada de lo que hacemos en Internet desaparece. La información convertida en uno y ceros, no sólo no muere, sino que puede ser replicada de manera ilimitada. La producción propagandística de estos últimos años sobre la necesidad de recobrar Al Andalus seguirá siempre estando ahí, disponible para aquellos que quieran darle una nueva vida, y convertirle en el principal estandarte de su lucha. Desde la óptica de las nuevas generaciones que se sienten sinceramente miembros de una comunidad global unida por lazos virtuales, tendrá más sentido que nunca, reavivar los llamamientos a vengar las humillaciones y gritos de sus hermanos andalusíes que vagaran eternamente en la inmensidad del ciberespacio.

Agradecimientos

Si alguien merece mis agradecimientos, y que estos ocupen un lugar privilegiado, son aquellos, a los que por razones de seguridad, no puede citar por sus nombres. Este libro (a excepción de sus errores y limitaciones que sólo son imputables a su autor) no hubiese sido posible sin la colaboración desinteresada y el tiempo que me han dedicado los múltiples especialistas del Cuerpo Nacional de Policía, Guardia Civil, Mossos d' Esquadra, Centro Nacional de Inteligencia, Centro Nacional de Coordinación Antiterrorista y Fuerzas Armadas. Este obra contiene un mensaje de preocupación sobre como la conjunción entre terrorismo e Internet puede afectar a la seguridad de los españoles. Pero este pronóstico debe unirse a una buena noticia: la excelente preparación, capacidades y tesón de aquellos que deben velar para evitar que los fanáticos alcancen sus objetivos. Los españoles somos afortunados al contar con algunos de los mejores cuerpos policiales y agencias de seguridad del mundo, cuya discreta eficacia ha generado la paradoja de que los ciudadanos no lleguen a percibir adecuadamente la magnitud de la amenaza que se cierne sobre España. Vaya para ellos mi más sincero homenaje por su excelente labor y por la entereza con la que a veces tienen que soportar la incomprensión e ingratitud.

En los últimos ocho años he tenido el privilegio de coordinar junto al Profesor Javier Jordán un curso de verano sobre terrorismo yihadista en la sede que tiene la Universidad Pablo de Olavide en la espectacular ciudad sevillana de Carmona. El generoso patrocinio del Instituto Español de

Estudios Estratégicos ha permitido que pasen por sus aulas varios cientos de ponentes y alumnos, con los he tenido la oportunidad de conversar, intercambiar experiencias y aprender. Gracias a todos ellos.

Durante este tiempo también he tenido la ocasión de participar intensamente en la docencia sobre cuestiones relacionadas con el terrorismo y las nuevas tecnologías. Muchas gracias a mis alumnos del Experto Universitario en Análisis del Terrorismo Yihadistas, Insurgencias y Movimientos Radicales de la UPO, a los del Master en Estudios Estratégicos de la UGR, y los del Master Oficial en Estudios sobre Terrorismo de la UNIR, porque con sus comentarios y opiniones me han ayudado a seguir reflexionando y aprendiendo sobre estas cuestiones.

Tengo una deuda impagable con mi amigo y colega, Javier Jordán, no sólo por su implicación directa en este proyecto en particular, sino por la ayuda, consejo e inspiración que me lleva brindando desde hace muchos años. Soy un auténtico privilegiado.

Gracias, igualmente a mi admirado Fernando Reinares, el cual se puso a mi disposición desde un primer momento para que este libro pudiese prosperar de la mejor forma, y que amablemente revisó y me ayudó con sus brillantes y agudos comentarios a mejorar una parte muy importante de este libro. Gracias Fernando por tu amistad y por servirme de inspiración.

Sin la imprescindible ayuda de la aguerrida y excelente abogada María Ponte tampoco hubiese podido tener acceso a muchos datos cruciales para este libro. Millones de gracias.

Las palabras finales inevitablemente son para mi familia. Lo son todo para mí, y sólo puedo aspirar a devolverles una minúscula parte del amor, apoyo y paz que me han aportado a lo largo de mi vida. A mi mujer Marta, por iluminar y colmar de sentido mi vida. A Vicente, nuestro pequeño ángel, y al nuevo torbellino de felicidad que está en camino.

www.ingramcontent.com/pod-product-compliance
Lightning Source LLC
Chambersburg PA
CBHW062207270326
41930CB00009B/1672